| 中国会议蓝皮书 |

中国会议
统计分析报告 2011
ZHONGGUO HUIYI TONGJI FENXI BAOGAO 2011

中国旅游饭店业协会
中国旅行社协会 ◎ 编
中国会议酒店联盟

北京·旅游教育出版社

中国会议蓝皮书

《中国会议统计分析报告 2011》

顾　　问：蒋齐康
主　　任：张润钢
副 主 任：许京生
主　　编：武少源
副 主 编：王　朔　　王莉莉
编　　委：刘海莹　　王济明　　商玲霞　　朱廷财
　　　　　赵晓川　　郑　旭　　王莉莉　　李晓繁
编　　审：李智玲

编者的话

《中国会议统计分析报告2010》一经推出，就受到业界的广泛关注。新华社等各大媒体进行了报道，许多网站也进行了转载和宣传。一些城市的会展主管机构也在年终总结报告中引用了会议分析报告中的数据。在业界有重要影响的《中国会议》和《旅游会展》杂志，都将《中国会议统计分析报告》的发布评为2011年中国会议产业界十件大事之一。

经过10个月的辛勤工作，《中国会议统计分析报告2011》终于又面世了。与2010年的报告相比，内容和数据都大幅度地增加。参与的省、直辖市、自治区的数量由19个增加到25个；参与的城市由39个增加到98个；参与的酒店也由93家增加到234家；采集的有效统计样本也由8 270个猛增到15 980个，几乎翻了一番。在2011年的报告中还首次增加了2项对会议流动性的统计和22项对会议消费的统计。

我们有理由相信，《中国会议统计分析报告2011》的统计数据会更全面、更准确、更实用，也更受业界的欢迎。借此机会对一贯积极支持《中国会议统计分析报告》编制工作的蒋齐康先生、许京生先生、郑旭先生和赵晓川先生等各位领导表示衷心的感谢。对为编制《中国会议统计分析报告》付出巨大心血、投入巨大精力的王莉莉女士和王朔先生以及他们所领导的工作团队的全体人员表示衷心感谢，对积极参与提供会议信息的所有会议型酒店表示衷心的感谢！

"百尺竿头，更进一步"。由于采集到的会议统计样本仍然有限，因此统计报告中的一些统计数据可能会出现片面性，有些分析也不十分到位，尚有许多提升空间。但是，我依然相信在全国会议产业界的支持和帮助下，再经过几年坚持不懈的努力，《中国会议统计分析报告》的水平会逐年提高，必将在中国会议产业发展进程中发挥出更加重要的作用。

《中国会议统计分析报告2011》主编 武之原
2012年10月于北京

目 录

第一章 《中国会议统计分析报告》的统计指标 …………………………………… 1

第二章 2011年中国会议的统计分析 …………………………………………… 7
    第一节 基本统计 …………………………………………………………… 7
    第二节 地点统计 …………………………………………………………… 15
    第三节 时间统计 …………………………………………………………… 23
    第四节 消费统计 …………………………………………………………… 27
    第五节 会议附设展览统计 ………………………………………………… 43
    第六节 国际会议统计 ……………………………………………………… 46
    第七节 交叉统计 …………………………………………………………… 51

第三章 《中国会议统计分析报告》介绍 ………………………………………… 55

第四章 编制机构介绍 …………………………………………………………… 61

第五章 鸣谢提供会议信息的会议酒店 ………………………………………… 64

第一章 《中国会议统计分析报告》的统计指标

统计指标应包含三项基本要素,第一,指标的名称和含义;第二,指标的计量单位和计算方法;第三,指标时间和空间的指标数值。编制《中国会议统计分析报告》尝试设计一套既符合中国国情,又比较科学的统计指标。按中国会议产业的实际情况和会议的本质属性,在2010年的基础上,在编制《中国会议统计分析报告2011》时最终确定了15项统计指标。

一、会议的主办机构

会议的主办机构很多,不同国家和地区的主办机构也不同。例如,欧美国家有关会议教科书上仅介绍两类主要的会议主办机构,即社团组织和企业。我国除了这两类会议主办机构外,还存有另外两类主要的会议主办机构,即事业单位和政府。我国共有126万个事业单位,数量是我国41万个社团组织的3倍。事业单位作为会议的主办机构每年举办的会议数量多达几百万个,形成了一个重要的事业单位会议市场。我国是典型的"大政府、小社团"的社会结构,具有世界上最多的政府机构。我国各级政府和各类政府举办了大量会议,形成了一个庞大的政府会议市场。在一些省会城市中,政府会议成为许多会议型酒店的主要会议接待类型。

按政府、社团、企业和事业单位这四大主要的会议主办机构,分类对会议进行统计可以得到我国四大类会议市场的数量和所占比例。这种统计具有鲜明的中国特色,为国内外机构研究中国会议市场提供了参考依据。

二、会议的承办机构

改革开放给中国会议产业带来的最大变化,就是越来越多的会议主办机构将会议外的会务服务项目包给专业会议服务机构承办。从这项统计指标中可以得出每年会议承办机构服务会议的数量和比例,为服务会议的硬件和软件开发市场提供了具有一定价值的参考依据。会议的承办机构主要分为两大类:第一类,是主办方自己承办;第二类,是为会议提供会务服务的承办机构,主要是会议服务公司和旅行社。

三、会议规模

对会议规模的统计,不同的研究机构会选用不同的分类标准。在国际大会及会议协会(ICCA)的《中国会议统计分析报告2010》中,将会议规模分为9档进行统计(参见表1-1)。

表1-1 《中国会议统计分析报告2010》的会议分档统计表

分档	人数	分档	人数	分档	人数
第一档	50~149	第四档	500~999	第七档	3 000~4 999
第二档	150~249	第五档	1 000~1 999	第八档	5 000~9 999
第三档	250~499	第六档	2 000~2 999	第九档	10 000及以上

而目前我国的国情是超过1000人以上规模的会议数量并不是很多,2500人以上规模的会议更是凤毛麟角,为此本报告将会议规模分为六档进行统计(参见表1-2)。

表1-2 《中国会议统计分析报告2011》的会议分档统计表

分档	人数	分档	人数
第一档	100人及以下	第四档	501~1 000
第二档	101~300	第五档	1 001~2 500
第三档	301~500	第六档	2 501人及以上

四、会议的学科分类

ICCA《中国会议统计分析报告2010》中是按25个学科进行分类统计的。按会议数量多少进行排序,居前4位的学科,分别是医药科学(Medical Science),占18.1%;技术(Technology),占14.5%;科学(Science),占13.4%;工业(Industry),占6.9%。以上4个学科的会议数量占了会议总量的52.9%。但是由于技术、科学和工业之间的学科分类界限并不十分明确,会给统计工作带来不便。

我国国家技术监督局1992年11月1日正式发布《中华人民共和国学科分类与代码国家标准》简称《学科分类与代码》(标准文号"GB/T 13745-92"),并于1993年7月1日正式实施。随着科学技术的发展,新学科和交叉学科的不断涌现,2006年国家又对现行国家标准进行了修订。该标准规定了我国最新学科的分类与代码，共设 5 个门类、58 个一级学科、573 个二级学科和近 6000 个三级学科，表 1-3 给出了我国的五个学科门类和 58 个一级学科。

本次会议统计分析报告仅选用 5 个门类进行学科统计，即自然科学、农业科学、医药科学、工程与技术科学和人文与社会科学。这 5 个学科门类就是人们通常所说的理、工、农、医和社科，更具有中国特色和明确的统计界限。人文与社会学科中包含有经济学，因此这是一个非常宽泛的学科，包含金融、会计、物流、贸易、房地产等多个细分学科，而这些领域的交流又非常活跃，因此举办的会议数量甚多。

为了简化表格文字，本报告中将"工程与技术科学"简化为"工程科学"；将"人文与社会科学"简化为"社会科学"。

表 1-3 《中国会议统计分析报告 2011》门类、学科统计表

1 自然科学		2 农业科学	3 医药科学	
110 数学		210 农学	310 基础医学	
120 信息科学与系统科学		220 林学	320 临床医学	
130 力学		230 畜牧、兽医科学	330 预防医学与卫生学	
140 物理学		240 水产学	340 军事医学与特种医学	
150 化学			350 药学	
160 天文学			360 中医学与中药学	
170 地球科学				
180 生物学				
4~6 工程与技术科学			7~8 人文与社会科学	
410 工程与技术科学基础学科	510 电子、通信与自动控制技术	610 环境科学技术	710 马克思主义	810 政治学
420 测绘科学技术	520 计算机科学技术	620 安全科学技术	720 哲学	820 法学
430 材料科学	530 化学工程	630 管理学	730 宗教学	830 军事学
440 矿山工程技术	540 纺织科学技术		740 语言学	840 社会学
450 冶金工程技术	550 食品科学技术		750 文学	850 民族学
460 机械工程	560 木建筑工程		760 艺术学	860 新闻学与传播学
470 动力与电气工程	570 水利工程		770 历史学	870 图书馆、情报与文献学
480 能源科学技术	580 交通运输工程		780 考古学	880 教育学
490 核科学技术	590 航空、航天科学技术		790 经济学	890 体育学

五、会议性质

为不同目的举办的会议决定了会议的性质。本次统计分析报告选用6种最常见的会议性质进行统计，即工作会议、学术交流会议、签约发布会议、培训学习会议、表彰总结会议和销售订货会议。

六、国际会议

国际会议，是我国会议工作者十分关注的一类会议。大多数统计数据都来自ICCA的年度统计报告。但是ICCA统计报告中的国际会议仅包含了在三国以上轮流举办的国际社团会议，而在世界上最有影响的诸如冬季达沃斯会议和博鳌亚洲论坛都不在其统计之列。在《中国会议统计分析报告》中，"国际会议"则按照我国国际会议的审批标准进行定义，即"国际会议，是指与会者来自3个或3个以上的国家和地区（不含港、澳、台地区）的以交流为主要目的研讨会、报告会、交流会、论坛以及国际组织的行政会议"。对会议是否轮流举办、境外代表人数和持续时间都不再给出更多的规定。

七、会议附设展览

举办会议附设展览，是21世纪出现的新趋势。附设展览增加了会议的活动内容和参加者交流学习的机会，更能引起人们的关注，从而能吸引更多的人参加会议。由于附设展览的参展商多数都是会议的赞助商，因此，附设展览的会议商业化运作时更容易做到财务收支平衡。但是并不是所有的会议都能附设展览。会议能否成功举办展览，主要取决于会议与产业关联的紧密度。不同市场的会议、不同学科的会议，甚至不同区域的会议，能否举办展览都有一定的差异。本项统计给出了定量的统计结果和比例，可作为从事"以会带展"项目会议工作者的一个参考。本次统计仅仅设立会议是否"有"或"无"附设展览两项统计指标，暂不对展览的面积进行统计。

八、举办会议的地理区域

由于我国早已撤销了行政大区，因此《中国会议统计分析报告》是以地理区域进行统计的。人们目前习惯将我国分为8个地理区域，即华北、东北、西北、华中、华东、华南、西南及港、澳、台地区，对每个区域包含省份也基本认同。为了使每个地理区域包含的省份相对平均，本次统计分析报告将江西省划分到华中地区，福建省划分到华南地区（参见表1-4）。本次仅对我国内地7个地理区域的会议进行统计,暂不统计港、澳、台地区的会议。

表1-4 《中国会议统计分析报告》的地理区域统计表

序号	地理区域	所属省份	数量(个)
(1)	华北地区	北京、天津、河北、山西、内蒙古	5
(2)	华东地区	上海、江苏、浙江、安徽、山东	5
(3)	华中地区	河南、湖北、湖南、江西	4
(4)	华南地区	广东、海南、广西、福建	4
(5)	西北地区	陕西、甘肃、青海、宁夏、新疆	5
(6)	西南地区	重庆、四川、贵州、云南、西藏	5
(7)	东北地区	辽宁、吉林、黑龙江	3
(8)	港澳台地区	香港、澳门、台湾	3
	合计		34

九、举办会议的省、直辖市和自治区

本次仅对我国22个省、4个直辖市和5个自治区举办的会议进行统计。香港、澳门和台湾等城市的会议暂不在统计之列。

十、会议举办城市

在本次统计中,没有以城市分类进行统计,而是将直辖市、副省级城市、省会城市、地级城市和县级城市放在一起统计并排序,因此直辖市的排序自然就会靠前,缺乏一定合理性,但这种现象在ICCA的统计中也同样出现。例如,2011年在ICCA的统计报告中,新加坡举办了142个会议,按国家排序列为第24位,按城市排序则上升到第5位。为便于比较,待将来会议统计样本足够多时,再考虑按城市分类统计。

十一、会议举办场地

我国目前绝大多数的会议集中在会议型酒店、会议中心、培训中心和度假村举办,因此本次也仅对在以上四大会议场所举办的会议进行统计。我国在游轮等特殊场所举办的会议数量相对较少,而像西方发达国家那样,在假期利用大学的教室和学生宿舍举办的会议微乎其微。一些高等院校利用学校的会议室和教室举办了大量会议,但却很难得到这方面的统计数据,故不做统计。

十二、会议举办月份

为了获得会议举办的月份分布情况,本次设有此项统计。该项数据可以反映出我国举办会议的淡、旺季。会议举办的月份分布情况,可为需要商业化运作的会议主办机构提供参考,在情况允许时尽量避开旺季,将会议安排在淡季举办。酒店和会议中心的经营者也可据此掌握举办会议的时间分布,制定出相应的营销策略。

十三、会议持续时间

本次对会议持续时间的统计,以"整天"为最小统计单位,最少为1天,最多为6天,超过6天的会议设置一项"6天以上"。尽管现实中存有半天和一天半的会议,但本次调查不设置"半天"的单位选项。另外在统计中对注册日是否计入会期也不做硬性的规定。

十四、会议主要消费

一个会议在会议场所中存有各种消费,但最主要的是住宿费、餐饮费和会场费这三项消费。《中国会议统计分析报告2011》首次选取这三项会议消费进行统计。

十五、会议流动性

有些会议的举办地点相对固定,轻易不会变化,如,博鳌亚洲论坛。这类会议即使再有影响、再有价值,其他城市也都无缘为其服务。但部分会议,尤其是社团会议和企业会议是流动的,每届都在不同地点举办。各个城市的政府管理机构、会议服务机构和会议场地都非常关注这类会议是否能"申办"到本地召开。因此,本次统计增加了"会议流动性"的统计。

第二章 2011年中国会议的统计分析

本次共收集到了18 600多个会议和活动的信息,删除不符合统计标准要求的会议和不属于会议的活动,最终确定会议的有效统计样本为15 980个。每个会议均按15项指标统计,形成了近24万个统计数据。将这些统计数据分为7个统计分组,即基本统计、地点统计、时间统计、消费统计、附设展览统计、交叉统计和国际会议统计,产生22项统计结果。

第一节 基本统计

基本统计包括5项统计,即按会议主办机构分类的统计、按会议规模分类的统计、按会议学科分类的统计、按会议承办机构分类的统计和按会议性质分类的统计。

一、按会议主办机构分类的统计

2011年统计得到的15 980个会议中,企业会议、事业单位会议、政府会议和社团会议的数量及占比,如表2-1和图2-1所示。

表2-1 2011年中国会议主办机构分类统计表

序号	会议市场	数量(个)	比例(%)
(1)	企业单位会议	8 633	54.1
(2)	事业单位会议	3 643	22.8
(3)	政府机构会议	2 212	13.8
(4)	社团组织会议	1 492	9.3
	合计	15 980	100.0

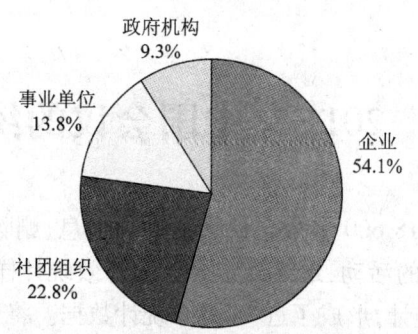

图2-1 2011年中国会议主办机构市场占有率分析图

2011年,我国四大主要会议市场的统计数据显示,会议数量和占比都呈现与2010年相同的规律(参见图2-2)。会议数量和占比的排序仍然依次是企业会议、事业单位会议、政府会议和社团会议。其中企业会议的市场份额比2010年增加了4.2%,占比高达54.1%。事业单位会议在整个会议市场中的份额仍排在第二位,比2010年增加了3.6个百分点。政府会议则下降了3.3个百分点,由2010年的17.1%下降到2011年的13.8%。呈现递减的趋势,原因是各种限制财政经费开会的政策在2011年得以进一步落实。社团会议数量下降的最多,由2010年的13.8%下降到9.3%,下降了4.5个百分点。下降的主要原因,首先,是我国社团组织机构的总量较少,全国性的社团机构仅有不到2000家;其次,是大多数社团会议需要市场化运作,在当前经济下行的调整期间,市场化运作能否成功,直接决定着社团会议的数量和市场份额;再次,则是本年度提供会议统计样本的会务服务接待部门增加了大量中小型的会议型酒店,而社团会议在这些酒店举办的数量较少。

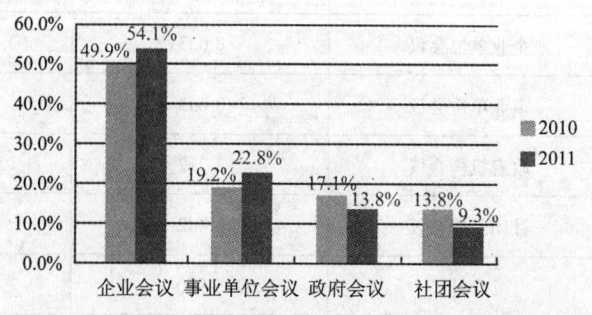

图2-2 2011年与2010年中国会议主办机构市场占有率对比分析图

二、按会议规模分类的统计

2011年按会议规模分类的统计结果,参见表2-2和图2-3。

表2-2　2011年不同会议规模分类统计表

序号	人数	数量(个)	比例(%)
(1)	100人及以下	8 901	55.7
(2)	101人~300人	5 030	31.5
(3)	301人~500人	1 256	7.9
(4)	501人~1 000人	612	3.8
(5)	1 001人~2 500人	144	0.9
(6)	2 501人及以上	37	0.2
	合计	15 980	100.0

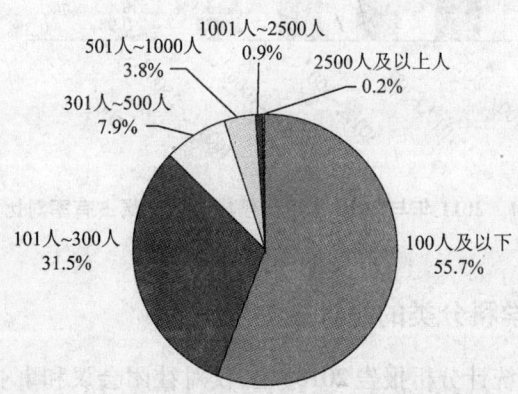

图2-3　2011年不同规模会议市场占有率分析图

2011年对会议规模的统计结果与2010年的统计结果基本相符,即会议的规模越大,会议的数量越少,呈现反比例规律。人数少于100人会议的比例由2010年的47.1%上升到55.7%,增加了8.6%(参见图2-4)。规模上101人~300人的会议占比,2011年与2010年基本持平。规模在301人以上4档的会议统计结果,2011年都比2010年有不同程度的下降。301人~500人档和501人~1000人档则分别下降了3个百分点。1001人以上的大型会议下降的最多,其中1001人~2500人档的会议由2010年的2.5%下降到0.9%。而2501人及以上的会议则由2010年的0.7%减少到0.2%。在本次统计中显示出的2011年大中型会议比2010年大幅缩水的原因,一是我国的政策因素和经济下行原因所致;二是与样本数据搜集的对象发生很大变化有关。2011年会议数据的提供者新增加100多个中小型酒店,它们承担了大量中小型会议的服务接待工作,使得2011年统计报告中的大中型会议比例相对较少。

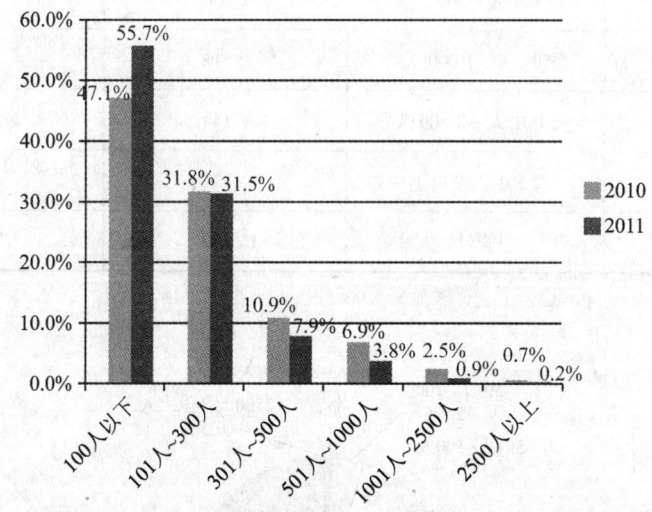

图2-4　2011年与2010年不同规模会议市场占有率对比分析图

三、按会议学科分类的统计

在《中国会议统计分析报告2010》中,仅对社团会议和事业单位会议市场进行了学科分类统计。2011年则对四大会议市场都进行了学科分类统计。如表2-3和图2-5所示,由于统计样本的不同,2011年统计结果与2010年相比有较大的差异。

表2-3 2011年中国四大会议市场学科分类统计表

序号	学科	数量(个)	比例(%)
(1)	人文与社会科学	12 948	81.0
(2)	工程与技术科学	1 564	9.8
(3)	医药科学	897	5.6
(4)	自然科学	317	2.0
(5)	农业科学	254	1.6
	合计	15 980	100.0

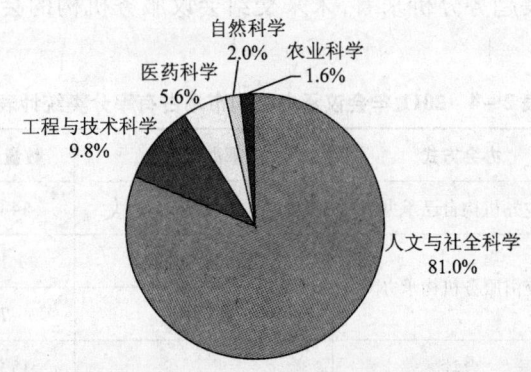

图2-5 2011年中国四大会议学科分类市场占有率分析图

由于人文与社会科学涵盖的领域极为广泛,因此会议数量特别多,比例占到本次统计样本的81%。属于自然科学中的工程技术科学、医药科学、自然科学和农业科学仅占总量的19%。而在ICCA的统计中,属于人文和社会科学的会议仅为28%。表明我国的社会科学会议和自然科学会议的比例还不尽合理。经调查,出现这种现象的主要原因是,属于人文和社会科学领域中的多数会议的会议经费,主要来自财政拨款和事业经费,属于政府会议和事业单位的会议。随着我国改革的发展和财政的严控,预期社会科学类的会议数量将会呈现不断减少的趋势。

四、按会议承办机构分类的统计

会议,特别是大中型会议的主办机构是自己承办,还是交给会议服务机构承办,是未来决定我国会议服务产业能否发展的主要因素之一。跨国公司的会议和大型国际学术交流会议交给会议服务机构的比例较大,而其他类型的会议交给会议服务机构承办的比例则相对较小,这里既有理念问题也有经费问题。表2-4和图2-6的数据显示,2011年占据会议总量88.1%的会议是由会议主办机构自己承办并与会议型酒店直接联系,比2010年的90.9%减低了2.8个百分点。此结果印证了《中国会议统计分析报告2010》中"未来发展趋势是委托给会议服务机构的比例将会逐渐增多"的分析。产生这一现象的主要原因在于:随着"十二五"规划中倡导的"转变经济发展方式,调整产业结构"的经济发展指导思想的落实,大力发展服务业的理念已经开始深入人心,会议产业发展的专业化为业界所重视,许多主办机构已经开始将以往自己所办的会议交给专业会议服务公司承办,以期实现购买优质的会议服务所得到的事半功倍的效果。从我国会议产业专业化发展趋势分析来看,未来交给会议服务机构的会议比例还会逐年增多。

表2-4 2011年会议承办机构市场占有率分类统计表

序号	办会方式	承办单位	数量(个)	比例(%)
(1)	主办机构自己承办		14 082	88.1
(2)	交由服务机构承办	会展公关公司	1 111	7.0
		旅行社	787	4.9
	合计		15 980	100.0

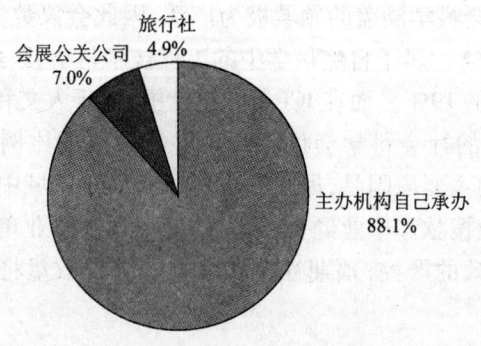

图2-6 2011年会议承办机构市场占有率分析图

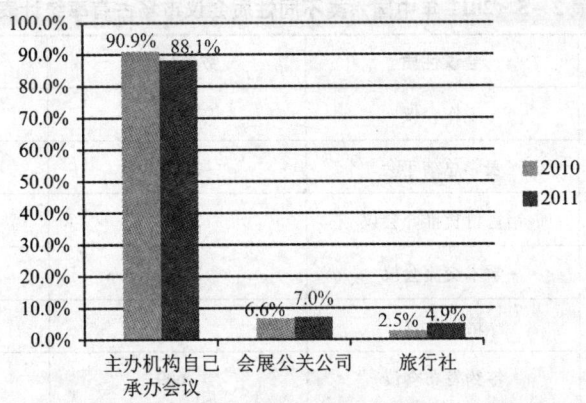

图2-7 2011年与2010年会议承办机构市场占有率对比分析图

从图2-7中可以清楚地看出,交给旅行社承办的会议比例较上年增加了2.4个百分点,而交给会展公关公司承办的会议数量仅增加了0.4个百分点。究其原因有三:第一,是政府旅游机构的大力支持。最近几年许多城市的旅游局开始积极发展所谓"高端旅游市场",从政策和资金等方面积极鼓励旅行社服务,包括会议服务在内的高端旅游市场。第二,是行业协会的重视。2011年中国旅行社协会成立了会奖旅游专业委员会,我国有影响的旅行社都是其会员。该专业委员会经常开展交流和培训等活动,有效提升了整个旅游行业的会议服务水平。第三,是旅行社自身的优势。会议需要全方位的综合服务,从会议的策划、活动安排、注册,到提供会议的食、住、行、游、购、娱等各个方面,旅行社都显示出其整合资源的优势。未来旅行社将会在我国会议服务业中逐渐起到主力军的作用。例如,致力于提供高品质、全方位会议服务的中青旅国际会议展览有限公司在短短的10年中,从十几名员工发展到600多名,2011年的产值高达十几亿,2012年连续服务于高端的、国家级的大型国际会议。需要指出的是,在"主办机构自己承办"这些会议中也有一些是政府机构和大型企业将会议交给政府的下属部门和下属公司去承办,而在统计中无法进一步细分。

五、按会议性质分类的统计

我国会议市场中主要存有六类不同性质的会议,即工作会议、学术交流会议、签约发布会议、培训会议、表彰总结会议和销售订货推介会议。表2-5和图2-8是2011年这六类会议的数量和所占比例。

表2-5 2011年中国六类不同性质会议市场占有率统计表

序号	会议性质	数量(个)	比例(%)
(1)	工作会议	7 158	44.8
(2)	表彰总结年会	2 634	16.5
(3)	销售订货推介会议	2 107	13.2
(4)	学术交流会议	2 088	13.1
(5)	培训会议	1 384	8.7
(6)	签约发布会议	609	3.8
	合计	15 980	100.0

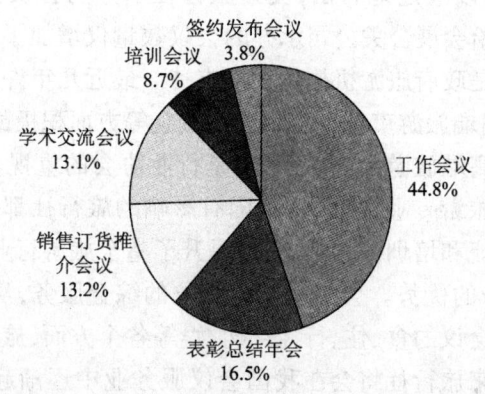

图2-8 2011年中国六类不同性质会议市场占有率分析图

数据显示,不同性质会议的占比和排序与2010年相比发生了很大的变化。工作会议虽然仍然排在首位,但所占比例由2010年的60.0%大幅度下降到2011年的44.8%,下降了15.2%(参见图2-9)。究其原因,工作会议主要是政府部门和事业单位举办的,由于对会议经费的严控,致使这类会议数量的下降便在情理之中了。

表彰总结会议由2010年排名第五位,一举跃升到2011年的第二位,比例也由5.3%猛增到16.5%,增长了11.2%。表彰总结年会主要是企业举办的会议,带有奖励旅游的性质。这类会议的大幅度增长得益于企业自身发展的需要和许多会议城市的政策支持。

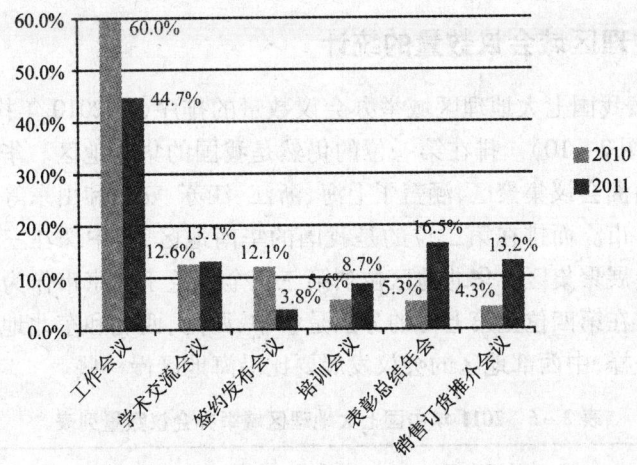

图2-9　2011年与2010年中国六类不同性质会议市场占有率对比分析图

排在第三位的是销售订货会议。2010年这类会议排在第六位,仅占4.3%,而2011年则上升到13.2%,增加了8.9%。与表彰总结会议一样,销售订货会议也主要都是企业会议。这两类会议的大幅度增长说明,在我国转变经济发展方式和产业结构调整,特别是经济下行时期,企业更需要举办各种会议,以求达到树立形象、激励员工、营销产品等目的。

学术交流会议排在第四位,占有13.1%的比例,与2010年12.6%的市场占有率基本持平。培训会议排列第五,占总量的8.7%,比2010年的5.6%也增长了3.1%。签约发布会议排在最后,并且比例大幅度下降,由2010年的12.1%下降到3.8%,下降了8.3个百分点。

第二节　地点统计

《中国会议统计分析报告2011》中有四项统计涉及举办会议的地点,分别是按地理区域会议数量的统计;按省、直辖市和自治区会议数量的统计;按城市会议数量的统计和按会议举办场地分类的统计。由于统计数据的渠道单一,更由于统计样本还不够足,因此,这些按会议数量的排名仅是相对的,其参考价值也不够大,就如同目前全世界每年举办53万多个国际会议,而一些国际组织仅以其所收集到的1万多个国际会议为据,就对全世界几百个城市及上百个国家和地区排名,同样也没有太大的参考价值。

一、按地理区域会议数量的统计

2011年按我国七大地理区域举办会议数量的排序,与2010年排序相同(参见表2-6和图2-10)。排在第一位的仍然是我国的华东地区。华东地区地处我国长江三角洲会议集聚区,涵盖了上海、浙江、江苏、安徽和山东等我国会议产业最活跃的省市。而排在第二位的是我国的华南地区,其中珠江三角洲地区是我国公认的会展聚集区。华北地区位列第三完全得益于北京市作为全国会议的龙头地位。排在第四位至第七位的分别是华中、西南、西北和东北地区。这和我国其他行业一样,中西部地区的会议发展要比沿海地区慢一些。

表2-6 2011年中国七大地理区域举办会议数量列表

序号	地理大区	数量(个)	比例(%)
(1)	华东	7 175	45.0
(2)	华南	2 522	16.0
(3)	华北	2 247	14.0
(4)	华中	1 653	10.0
(5)	西南	1 247	8.0
(6)	西北	839	5.0
(7)	东北	297	2.0
	合计	15 980	100.0

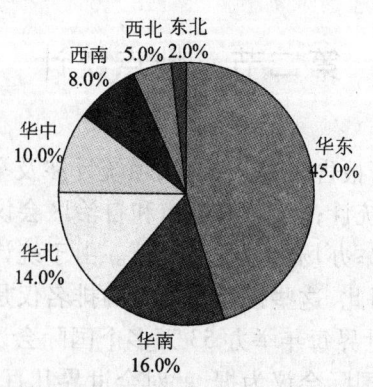

图2-10 2011年中国七大地理区域举办会议市场占有率分析图

二、按省、直辖市和自治区会议数量的统计

有25个省、直辖市和自治区参与了2011年会议统计(参见表2-7),比2010年增加了7个。由于各种原因,我国大陆还有天津、宁夏、甘肃、青海、西藏和新疆的机构没有参与本次会议统计工作,期望在编辑2012年会议统计报告时,能涵盖我国大陆所有的省、直辖市和自治区。在本次统计中,按举办会议数量排序,列在前10位的依次是浙江、广东、北京、山东、江苏、安徽、陕西、湖北、上海和河南。其中浙江、广东、北京、山东、江苏、安徽、上海这7个省市是连续两年进入前10位,而陕西、湖北和河南是首次进入前10位的行列(参见表2-8)。与2010年相比,2011年前10位省份(直辖市)的会议数量较上一年有了飞速增长,由7181个增加到13 037个,增幅达81.5%。分析原因,一是这些省市高度重视会议产业的发展;二是这些省市的会议型酒店管理者对发展会议产业的意义理解深刻,因而非常重视统计工作,积极上报数据所致。

表2-7 2011年25个省、直辖市、自治区会议数量统计序列表

序号	省份(直辖市)	数量(个)	序号	省份(直辖市)	数量(个)
(1)	浙江	2 131	(2)	广东	2 038
(3)	北京	1 738	(4)	山东	1 710
(5)	江苏	1 628	(6)	安徽	1 074
(7)	陕西	806	(8)	湖北	652
(9)	上海	631	(10)	河南	629
(11)	云南	586	(12)	贵州	309
(13)	湖南	288	(14)	河北	283
(15)	辽宁	250	(16)	广西	241
(17)	内蒙古	227	(18)	福建	200
(19)	四川	198	(20)	重庆	154
(21)	江西	84	(22)	海南	43
(23)	吉林	38	(24)	青海	33
(25)	黑龙江	9			
	小计	8 614		小计	7 366
	合计:				15 980

表2-8 2011年2010年承办会议数量位居前10位的省市序列表

序号	2011年		2010年	
	省份(直辖市)	数量(个)	省份(直辖市)	数量(个)
(1)	浙江	2 131	江苏	1 690
(2)	广东	2 038	北京	1 679
(3)	北京	1 738	浙江	859
(4)	山东	1 710	安徽	524
(5)	江苏	1 628	广东	504
(6)	安徽	1 074	山东	494
(7)	陕西	806	四川	429
(8)	湖北	652	云南	358
(9)	上海	631	上海	329
(10)	河南	629	辽宁	315
	合计	13 037	合计	7 181

三、按城市会议数量的统计

本次共有98个城市提供了会议数据(参见表2-9),比2010年的39个城市增加了2.51倍。按照承办会议数量的多少对城市进行排名,排在前10位的城市依次是北京、济南、杭州、西安、上海、南京、合肥、郑州、佛山和昆明。其中西安、合肥、郑州和佛山是新入围城市(参见表2-10)。这10个城市都是我国最活跃的会展城市。同样与2010年相比,2011年前10位城市的会议数量较上一年也有了较大增长,由5344个增加到7516个,增幅达74.3%。

表2-9 2011年参与会议数量统计的城市序列表

单位:个

序号	城市	数量	序号	城市	数量	序号	城市	数量
(1)	北京	1 738	(2)	济南	1 172	(3)	杭州	1 124
(4)	西安	806	(5)	上海	631	(6)	南京	520

续表

序号	城市	数量	序号	城市	数量	序号	城市	数量
(7)	合肥	419	(8)	郑州	391	(9)	佛山	366
(10)	昆明	349	(11)	贵阳	309	(12)	宁波	305
(13)	黄山	287	(14)	长沙	281	(15)	武汉	240
(16)	丽水	217	(17)	肇庆	210	(18)	淮安	209
(19)	台山	202	(20)	厦门	197	(21)	广州	196
(22)	临沂	196	(23)	咸宁	194	(24)	扬州	192
(25)	鹤山	192	(26)	南宁	192	(27)	青岛	190
(28)	韶关	182	(29)	清远	180	(30)	玉溪	177
(31)	苏州	172	(32)	随州	163	(33)	盐城	159
(34)	阳江	155	(35)	重庆	154	(36)	六安	153
(37)	沈阳	151	(38)	沧州	149	(39)	慈溪	149
(40)	唐山	134	(41)	江门	134	(42)	绍兴	126
(43)	深圳	123	(44)	南通	111	(45)	呼伦贝尔	103
(46)	大连	99	(47)	安庆	99	(48)	绵阳	99
(49)	常州	97	(50)	九江	84	(51)	义乌	82
(52)	成都	81	(53)	宿迁	79	(54)	呼和浩特	77
(55)	东营	68	(56)	潍坊	66	(57)	常熟	57
(58)	焦作	55	(59)	荆门	55	(60)	珠海	55
(61)	池州	50	(62)	曲靖	50	(63)	信阳	50
(64)	桂林	49	(65)	舟山	49	(66)	包头	47
(67)	惠州	43	(68)	南阳	42	(69)	芜湖	39
(70)	三亚	33	(71)	西宁	33	(72)	辉县	32
(73)	马鞍山	27	(74)	许昌	26	(75)	金华	23
(76)	松原	22	(77)	阿坝州	18	(78)	鹤壁	18

续表

序号	城市	数量	序号	城市	数量	序号	城市	数量
(79)	台州	18	(80)	太仓	17	(81)	长春	16
(82)	宁海	12	(83)	温州	12	(84)	枣庄	12
(85)	镇江	11	(86)	开封	11	(87)	保亭县	10
(88)	丽江	10	(89)	哈尔滨	9	(90)	浦江	7
(91)	桐乡	7	(92)	株洲	7	(93)	济宁	5
(94)	无锡	4	(95)	洛阳	4	(96)	福州	3
(97)	聊城	1						
合计						15 980		

表2-10　2011年、2010年承办会议数量位居前10名的城市序列表

序号	2011年		2010年	
	城市	数量(个)	城市	数量(个)
(1)	北京	1 738	北京	1 679
(2)	济南	1 172	南京	594
(3)	杭州	1 124	杭州	578
(4)	西安	806	济南	494
(5)	上海	631	成都	429
(6)	南京	520	昆明	358
(7)	合肥	419	广州	355
(8)	郑州	391	上海	329
(9)	佛山	366	黄山	274
(10)	昆明	349	长沙	254
合计		7 516		5 344

四、按会议举办场地分类的统计

表 2-11 和图 2-11 是 2011 年按会议举办场地分类的统计结果。数据显示,2011 年在会议型酒店举办的会议占比高达 80.7%,比 2010 年的 61.1% 增加了 20.6%(参见图 2-12)。产生这样巨大变化的原因,是由于 2010 年提交会议统计样本中的会议中心占有很高的比例。而 2011 年提交会议统计样本的中小型酒店则比 2010 年增加了 2 倍多,致使统计结果发生了很大变化。度假村酒店则由 2010 年的第三位上升到第二位,所占比例与 2010 年基本相同,都在 16% 左右。会议中心举办会议数量的排序降至第三位,仅占此次会议统计样本的 3.1%,比 2010 年降低了 16.7%,原因如前,不再赘述。培训中心仍然排在最后,其市场份额也甚少。

表 2-11 2011 年中国会议举办场地分类统计表

序号	会议场所	数量(个)	比例(%)
(1)	商务会议酒店	12 899	80.7
(3)	度假村酒店	2 569	16.1
(2)	会议中心	493	3.1
(4)	培训中心	19	0.1
	合计	15 980	100.0

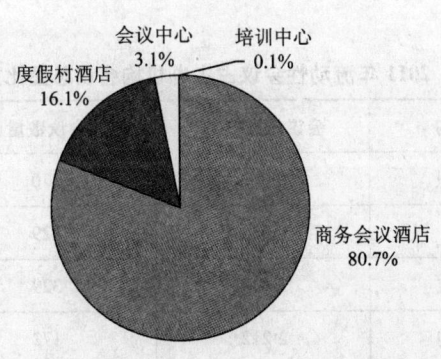

图 2-11 2011 年中国会议举办场地分类市场占有率分析图

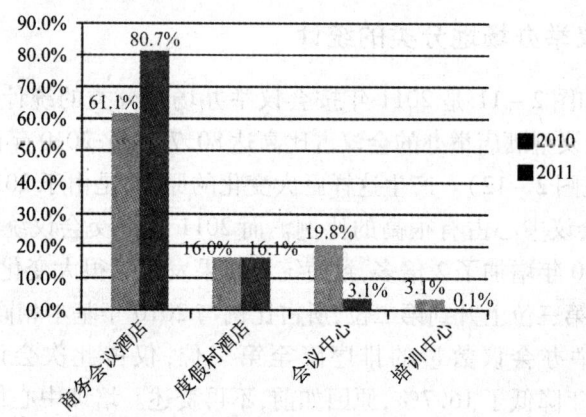

图 2-12　2011 年与 2010 年会议举办地分类市场占有率分析图

五、会议流动性统计

本次对会议流动性的统计分为两类,分别是流动性会议的统计和按会议主办机构分类的流动性会议统计。

1. 流动性会议的统计

在 2011 年的有效统计样本 15 980 个会议中,仅有 2100 个会议属于流动性会议,占比为 13.1%,(参见表 2-12)。按会议主办机构分类的流动性会议统计中,社团会议的比例最高,占比为 24.8%。其次是企业会议占比为 14.2%。受到政府采购制度的限制,事业单位和政府机构中的流动性会议的占比都不到十个百分点。

表 2-12　2011 年流动性会议占主办机构会议总量比重统计表

序号	主办机构	会议总量(个)	流动会议数量(个)	比例(%)
(1)	社团组织	1 492	370	24.8
(2)	企业	8 633	1 229	14.2
(3)	事业单位	3 643	329	9.0
(4)	政府机构	2 212	172	7.8
	合计	15 980	2 100	13.1

2. 按会议主办机构分类的流动性会议统计

符合本次统计要求的流动性会议共有 2100 个。其中企业会议中的流动性会议最多,数量为 1229 个,占流动性会议总量的 58.5%,参见表 2-13 和图 2-13。社团组织和事业单位的流动性会议的数量都有 300 多个,比例也都在十几个百分点,而政府机构的流动性会议数量最少,占比也最少,仅有 8.2 个百分点。

表 2-13　2011 年符合统计要求的流动性会议序列表

序号	会议性质	数量(个)	比例(%)
1	企业	1 229	58.5
2	社团组织	370	17.6
3	事业单位	329	15.7
4	政府机构	172	8.2
	合计	2 100	100.0

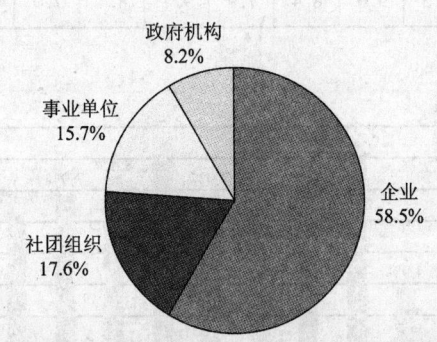

图 2-13　2011 年流动性会议主办机构市场占有率分析图

第三节　时间统计

《中国会议统计分析报告 2011》中有 4 项统计涉及会议的时间,即按会议举办月份的统计、按会议持续天数的统计、按会议主办机构分类的天数统计和按会议性质分类的天数统计。

一、按会议举办月份的统计

由表2-14和图2-14可以看出,与2010年相同的,是我国举办会议最多的月份仍然是1月份,占到全年会议总量的10%。这正是我国新年之后,春节之前大量的团拜会、年会、表彰总结会和各种联谊活动涌到酒店,形成我国会议市场的独有特色。2月份举办的会议最少,仅占到5%的份额,比2010年2月还减少了1个百分点。2月通常是我国的传统节日春节及元宵节所在月份,近一半时间都在放假,会议自然就少。从整个统计结果可以看出,我国的其他月份没有特别明显的淡旺季之分。3月~11月的会议数量相对比例仅差3个百分点。但是连续两年的统计中,除2月份之外,10月份的会议占比也都处于低位,仅为7%,原因主要是国庆节小长假占去了这个月近1/3的时间所致。

表2-14 2011年中国会议举办量月度统计表

月份	1	2	3	4	5	6	7	8	9	10	11	12	合计
数量(个)	1 523	791	1 528	1 431	1 338	1 257	1 554	1 348	1 256	1 162	1 373	1 419	15 980
比例(%)	9.5	4.9	9.5	9.0	8.4	7.9	9.7	8.4	7.9	7.3	8.6	8.9	100.0

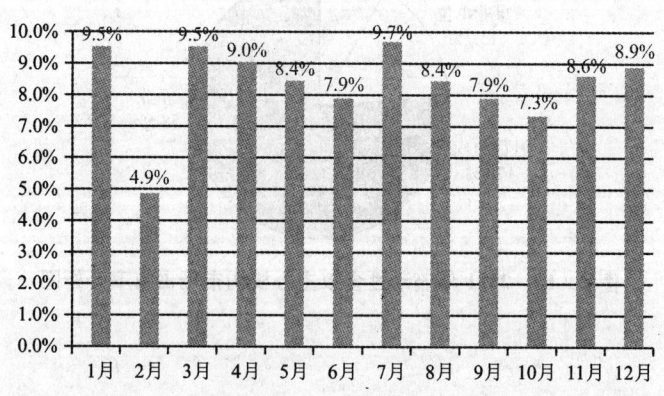

图2-14 2011年中国月度会议举办量占全年比重分析图

二、按会议持续天数的统计

与2010年相比,2011年按会议持续天数统计结果,总的趋势没有重大变化,仍呈现反比例规律,即会议持续时间越长,会议数量越少(参见表2-15和图2-

15),但占比有些明显的变化。持续1天的会议由2010年的53.3%下降到44.8%,下降了8.5个百分点(参见图2-16),下降的原因主要是政府会议和事业单位会议减少所致。持续2天会议的占比比2010年上升了7.7%,达到25.3%。持续3天会议的占比也增加了3.2个百分点,达到15.6%。2天和3天的会议增加了近10个百分点,增加的会议主要来自企业会议和社团会议。2011年持续1至3天会议的总和为85.9%,与2010年的83.0%相比变化并不大。持续4至6天的会议占比基本没有变化,总占比为11.7%,与2010年11.3%占比非常相近。2011年6天以上的会议的占比为2.4%,比2010年的3.4%下降了1个百分点。

表2-15　2011年与2010年中国会议天数统计表

年份	天数	1天	2天	3天	4天	5天	6天	6天以上	合计
2011年	数量(个)	7 166	4 041	2 500	1 091	535	262	385	15 980
	比例(%)	44.8	25.3	15.6	6.8	3.3	1.6	2.4	100.0
2010年	数量(个)	4 404	1 459	1 027	604	332	160	284	8 270
	比例(%)	53.3	17.6	12.4	7.3	4.0	1.9	3.4	100.0

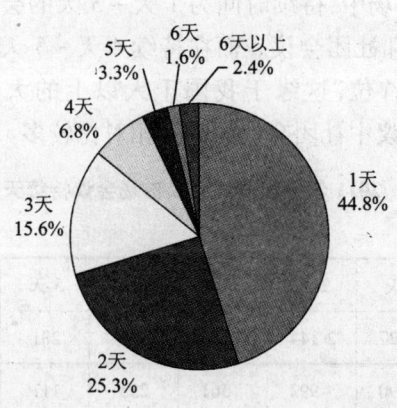

图2-15　2011年不同天数会议占中国会议总量的比重分析图

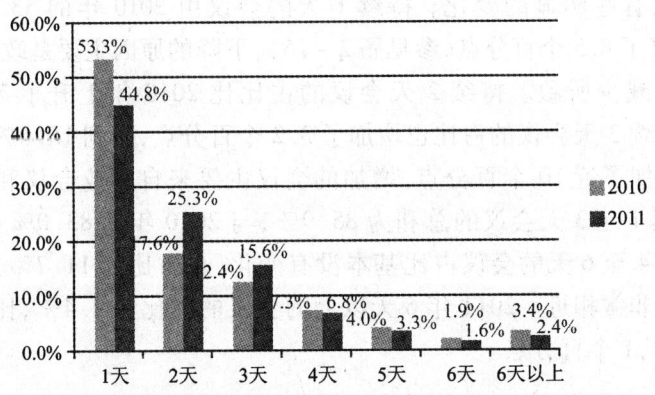

图2-16　2011年与2010年不同天数会议市场占有率对比分析图

三、按会议主办机构分类的天数统计

通常一个会议持续的时间越长,会议场地的收入也就越高。不同会议市场持续的时间往往存在很大差异,当不同的会议"撞车"时,会议场地应该优先考虑接待会议持续时间长的会议。本次统计结果表明,我国的四大会议市场在会议持续天数上有所不同。公司会议的持续天数高居第一位,特别是持续5天以上的会议数量优势更加明显,这些主要是公司的培训会议(参见表2-16)。

而其他三类会议市场中,持续时间为1天~3天的会议数量排序,依次为事业单位会议、政府会议和社团会议。而在持续4天~5天的会议中,社团会议数量在三类会议中位居首位,这缘于我国千人以上的大型会议持续时间都在4天~5天,在大规模会议中社团会议的数量相对比较多。

表2-16　2011年中国四大会议市场会议持续天数统计表

单位:个

序号	主办单位	1天	2天	3天	4天	5天	6天	6天以上	合计
(1)	企业单位会议	3 927	2 144	1 344	586	281	147	204	8 633
(2)	事业单位会议	1 590	992	561	253	111	54	82	3 643
(3)	政府机构会议	1 028	566	321	126	76	30	65	2 212
(4)	社团组织会议	621	339	274	126	67	31	34	1 492
	合计	7 166	4 041	2 500	1 091	535	262	385	15 980

四、按性质和天数分类的会议数量统计

从表2-17中可以看出无论会期长短,工作会议都是数量最多的一类会议,在1天的会议中甚至接近半数都是工作会议。在1天~2天的会议中,企业表彰总结会议的数量仅次于工作会议排名第二。这与经济下行时期企业加大对员工的激励有关。持续3天~6天的会议中,学术交流会议数量相对多一些。这些会议大多数都是社团组织的年会。6天以上的会议则是以培训和销售订货会为主。

表2-17 2011年按性质和天数分类的中国会议数量统计表

单位:个

序号	会议性质	1天	2天	3天	4天	5天	6天	6天以上	合计
(1)	工作会议	3 416	1 961	1 041	380	174	73	113	7 158
(2)	学术交流会议	798	506	408	194	95	49	38	2 088
(3)	签约发布会	354	118	83	25	14	11	4	609
(4)	培训学习会议	439	327	244	137	99	44	94	1 384
(5)	表彰总结年会	1 256	648	394	181	67	36	52	2 634
(6)	销售订货会	903	481	330	174	86	49	84	2 107
	合计	7 166	4 041	2 500	1 091	535	262	385	15 980

第四节 消费统计

在《中国会议统计分析报告2011》中首次增加了对会议消费的统计。会议消费,是指在会议场所中最主要的住宿费、餐饮费和会场费三项消费。在采集统计样本时,会议场所的消费必须包括这三项消费才符合统计要求,而部分仅有1项或2项消费的会议不在统计之列。本次分析报告提供六大类有关会议的消费统计结果。

一、会议的平均消费统计

符合2011年消费统计指标要求的样本会议为7242个,占会议统计样本总量

的45.5%。这些会议在酒店的消费总额为10余亿元,会均消费为13.86万元。其中住宿费是三项消费中最高的,会均消费为6.28万元,占总消费额的45%。会议的餐饮活动很多,既包括早、中、晚三餐;也包括茶饮、冷餐招待会(酒会)和宴会,因此餐饮费的消费排在第二,会均消费为5.20万元,占比37.6%。会场费的消费最低,会均消费仅为2.38万元,占比17.1%。展览消费中经常使用所谓"拉动系数"的概念,即每1.00元展览场地租金能够带来多少元的其他消费。类比会议,每1.00元的会场租金可以给该会议场所带来2.24元的餐饮消费和2.65元的住宿消费,两项相加可计算出会场费对本会议场所的餐饮费和住宿费的"拉动系数"为1:4.89,(参见表2-18)。

表2-18　2011年中国会议平均消费统计表

单位:万元

序号	消费类型	总消费	会议数量(个)	会均消费	比例(%)	比较
(1)	住宿费	45 451.25	7 242	6.28	45	2.65
(2)	餐饮费	37 692.45	7 242	5.20	38	2.24
(3)	会场费	17 212.10	7 242	2.38	17	1.00
	合计	100 355.80	7 242	13.86	100	

二、按会议主办机构分类的消费统计

1. 政府会议的消费统计

本次符合统计标准的政府会议有1152个,消费总额1.66亿元,会均消费14.4万元。会场费、餐饮费和住宿费之比为1:2.91:3.23(参见表2-19)。

表2-19　2011年中国政府会议消费统计表

单位:万元

序号	项目	总消费	会议数量(个)	会均消费	比例(%)	比较
(1)	住宿费	7 492	1 152	6.5	45.2	3.23
(2)	餐饮费	6 753	1 152	5.9	40.8	2.91
(3)	会场费	2 316	1 152	2.0	14.0	1.00
	合计	16 561	1 152	14.4	100.0	

2. 事业单位会议的消费统计

本次符合统计标准的事业单位会议共计 1 838 个,消费总额 1.97 亿元,会均消费 10.8 万元。会场费、餐饮费和住宿费之比为 1∶2.55∶2.94(参见表 2-20)。

表 2-20 2011 年中国事业单位会议消费统计表

单位:万元

序号	项目	总消费	会议数量(个)	会均消费	比例(%)	比较
(1)	住宿费	8 982	1 838	4.9	45.2	2.94
(2)	餐饮费	7 746	1 838	4.2	39.2	2.55
(3)	会场费	3 038	1 838	1.7	15.4	1.00
	合计	19 766	1 838	10.8	99.8	

3. 企业会议的消费统计

本次符合统计标准的企业会议共计 3 653 个,消费总额 5.24 亿元,会均消费 14.4 万元。会场费、餐饮费和住宿费之比为 1∶1.98∶2.58(参见表 2-21)。

表 2-21 2011 年中国企业单位会议消费统计表

单位:万元

序号	项目	总消费	会议数量(个)	会均消费	比例(%)	比较
(1)	住宿费	24 375	3 653	6.7	46.3	2.58
(2)	餐饮费	18 628	3 653	5.1	35.5	1.98
(3)	会场费	9 418	3 653	2.6	18.0	1.00
	合计	52 421	3 653	14.4	99.8	

4. 社团会议的消费统计

本次符合统计标准的社团会议共计 642 个,消费总额 1.22 亿元,会均消费 19.0 万元。会场费、餐饮费和住宿费之比为 1∶1.83∶1.95(参见表 2-22)。

表 2-22　2011 年中国社团会议消费统计表

单位:万元

序号	项目	总消费	会议数量(个)	会均消费	比例(%)	比较
(1)	住宿费	4 977	642	7.8	40.8	1.95
(2)	餐饮费	4 675	642	7.3	38.3	1.83
(3)	会场费	2 548	642	4.0	20.9	1.00
	合计	12 201	642	19.0	100.0	

通过以上分析可以看出,社团会议的会均消费水平最高,为 19.0 万元,个中原因应该是社团会议的持续时间较长、会议规模较大和所用各种会场较多。排在社团会议之后的依次是政府会议和企业会议,会均消费为 14.4 万元。事业单位会议的会均消费水平最低,仅为 10.8 万元,(参见表 2-23 和图 2-17)。

表 2-23　2011 年中国四大会议市场会均消费统计表

单位:万元

序号	会议性质	会均消费
(1)	社团组织	19.0
(2)	政府机构	14.4
(3)	企业	14.4
(4)	事业单位	10.8

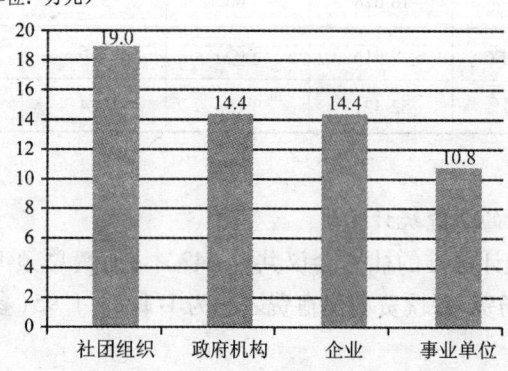

图 2-17　2011 年中国四大会议市场会均消费示意图

为分析各类会议各种消费的比例,我们设定会场费每消费1万元,则餐饮费和住宿费就会因会议类别而发生变化。四大类会议的三项消费比例也有一定的差异(参见表2-24和图2-18)。住宿费在政府会议中占比最高,而社团会议却是最低。其原因有二:一是社团会议对会场的要求最高,而政府会议则最低。二是社团会议多数是商业化运作,住宿费需要会议代表自己支付,因此部分会议代表不住在会议举办的会议酒店,而自行解决住宿。社团会议餐饮支出的相对比例也是最低的,也是商业化运作的结果。

表2-24 2011年三项消费占中国四类会议消费总额的比重统计表

单位:万元

序号	项目	会场费	餐饮费	住宿费
(1)	政府机构	1	2.91	3.23
(2)	事业单位	1	2.55	2.94
(3)	企业	1	1.98	2.58
(4)	社团组织	1	1.83	1.95
(5)	所有会议平均消费	1	2.24	2.65

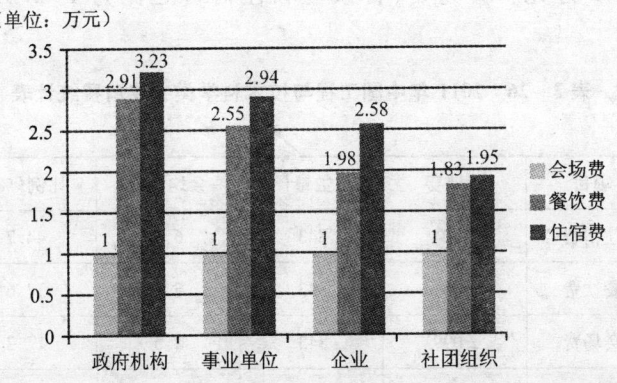

图2-18 2011年三项消费占中国四类会议消费总额的比重示意图

(注:会均费每消费1万元时,餐饮和住宿费用消费比例。单位:万元)

三、按学科分类的会议消费统计

1. 人文与社会科学类会议消费统计

本次符合统计标准的人文与社会科学类会议有 5 753 个,总消费 7.85 亿元,会均消费为 13.6 万元。会场费、餐饮费和住宿费之比为 1∶2.24∶2.74(参见表 2-25)。

表 2-25　2011 年的中国人文与社会科学类会议消费统计表

单位:万元

序号	项目	总消费	会议数量(个)	会均消费	比例(%)	比较
(1)	住宿费	35 794	5 753	6.2	45.8	2.74
(2)	餐饮费	29 309	5 753	5.1	37.5	2.24
(3)	会场费	13 057	5 753	2.3	16.7	1.00
	合计	78 159	5 753	13.6	100.0	

2. 工程与技术科学类会议消费统计

本次符合统计标准的工程与技术科学类会议有 843 个,总消费 1.18 亿元,会均消费为 14.1 万元。会场费、餐饮费和住宿费之比为 1∶2.12∶2.53,参见表 2-26。

表 2-26　2011 年中国工程与技术科学类会议消费统计表

单位:万元

序号	项目	总消费	会议数量(个)	会均消费	比例(%)	比较
(1)	住宿费	5 304	843	6.3	44.7	2.53
(2)	餐饮费	4 454	843	5.3	37.6	2.12
(3)	会场费	2 099	843	2.5	17.7	1.00
	合计	11 857	843	14.1	100.0	

3. 医药科学类会议消费统计

本次符合统计标准的医药科学类会议有 381 个,消费总额 0.72 亿元,会均消费 19.0 万元。会场费、餐饮费和住宿费之比为 1∶1.56∶1.68(参见表 2-27)。

表2-27 2011年中国医药科学类会议消费统计表

单位:万元

序号	项目	总消费	会议数量(个)	会均消费	比例(%)	比较
(1)	住宿费	2 865	381	7.5	39.6	1.68
(2)	餐饮费	2 663	381	7.0	36.8	1.56
(3)	会场费	1 703	381	4.5	23.6	1.00
	合计	7 232	381	19.0	100.0	

4. 农业科学类会议消费统计

本次符合统计标准的农业科学类会议有151个,消费总额0.18亿元,会均消费12.2万元。会场费、餐饮费和住宿费之比为1:3.31:4.07(参见表2-28)。

表2-28 2011年中国农业科学类会议消费统计表

单位:万元

序号	项目	总消费	会议数量(个)	会均消费	比例(%)	比较
(1)	住宿费	892	151	5.9	48.6	4.07
(2)	餐饮费	725	151	4.8	39.5	3.31
(3)	会场费	219	151	1.5	11.9	1.00
	合计	1 836	151	12.2	100.0	

5. 自然科学类会议消费统计

本次符合统计标准的自然科学类会议有157个,消费总额0.18亿元,会均消费11.9万元。会场费、餐饮费和住宿费之比为1:2.71:4.04(参见表2-29)。

表2-29 2011年自然科学类会议消费统计表

单位:万元

序号	项目	总消费	会议数量(个)	会均消费	比例(%)	比较
(1)	住宿费	971	157	6.2	52.1	4.04
(2)	餐饮费	653	157	4.2	35.0	2.71
(3)	会场费	240	157	1.5	12.9	1.00
	合计	1 864	157	11.9	100.0	

通过以上分析,可以看出,按学科分类的会均消费水平最高的是医药科学类会议,会均消费为19.0万元。而其他四类学科会议的会均消费水平没有太大的差异,从高到低各类学科间的会均消费仅有1万元左右的差别(参见表2-30和图2-19)。

表2-30　2011年中国学科会议会均消费水平差异统计表

单位:万元

序号	会议学科	会均消费
(1)	医药科学	19.0
(2)	工程与技术科学	14.1
(3)	人文与社会科学	13.6
(4)	农业科学	12.2
(5)	自然科学	11.9

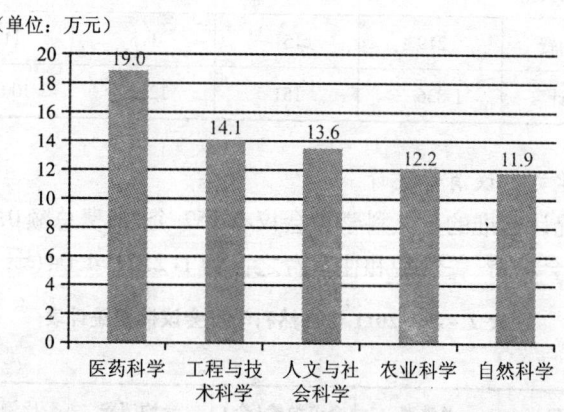

图2-19　2011年中国学科会议会均消费水平差异示意图

五大类学科会议的三项消费比例也有一定的差异(参见表2-31和图2-20)。住宿费,在农业科学和自然科学会议中所占比例最高,而医药会议则最低,因为许多参加医药会议的代表都是医药公司支付住宿费,往往不安排他们在会议举办的酒店住宿。医药会议中餐饮费的支出也是最低的,因为许多医药会议的餐饮活动都是医药公司赞助的,会议型酒店经常收不到这部分餐饮费,即使能收到往往也是人均消费不高的盒饭或简餐而已。这是由于医药会议在餐饮安排上有一个明显的特点,即午餐和晚餐均为赞助企业提供。这些企业为了降低成本,直接向酒店预订餐盒再免费提供给与会代表。

表2-31 2011年中国五大类学科会议三项消费比例统计表

单位:万元

序号	项目	农业科学	自然科学	人文与社会科学	工程与技术科学	医药科学	所有会议平均消费
(1)	会场费	1.00	1.00	1.00	1.00	1.00	1.00
(2)	餐饮费	3.31	2.71	2.24	2.12	1.56	2.91
(3)	住宿费	4.07	4.04	2.74	2.53	1.68	3.23

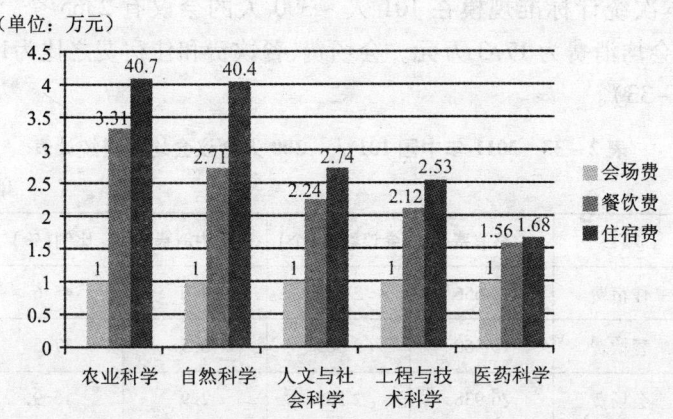

图2-20 2011年中国五大类学科会议三项消费比例示意图
(注:会均费每消费1万元时,餐饮和住宿费用消费比例,单位:万元)

四、按会议规模分类的消费统计

本次按会议规模分类的消费统计中,2501人及以上规模的会议仅有4个符合统计要求。由于统计样本太少,会导致统计结果偏差过大,故本次不对2501人及以上的会议进行消费统计。

1. 100人及以下会议的消费统计

符合本次统计标准的规模在100人及以下的会议有4232个,消费总额为2.64亿元,会均消费为6.3万元。会场费、餐饮费和住宿费之比为1:2.22:2.69(参见表2-32)。

表2-32 2011年中国100人及以下会议会均消费统计表

单位:万元

序号	项目	总消费	会议数量(个)	会均消费	比例(%)	比较
1	住宿费	12 059	4 232	2.8	45.6	2.69
2	餐饮费	9 918	4 232	2.3	37.5	2.22
3	会场费	4 476	4 232	1.1	16.9	1.00
	合计	26 453	4 232	6.3	100.0	

2. 101人~300人会议的消费统计

符合本次统计标准规模在101人~300人的会议有2365个,消费总额为4.09亿元,会均消费为17.3万元。会场费、餐饮费和住宿费之比为1:2.22:2.69(参见表2-33)。

表2-33 2011年中国101人~300人会议会均消费统计表

单位:万元

序号	项目	总消费	会议数量(个)	会均消费	比例(%)	比较
(1)	住宿费	18 656	2 365	7.9	45.6	2.69
(2)	餐饮费	15 360	2 365	6.5	37.5	2.21
(3)	会场费	6 938	2 365	2.9	16.9	1.00
	合计	40 954	2 365	17.3	100.0	

3. 301人~500人会议的消费统计

符合本次统计标准规模在301人~500人的会议有492个,消费总额为1.66亿元,会均消费为33.8万元。会场费、餐饮费和住宿费之比为1:2.44:2.95(参见表2-34)。

表 2-34 2011 年中国 301 人~500 人会议会均消费统计表

单位:万元

序号	项目	总消费	会议数量(个)	会均消费	比例(%)	比较
(1)	住宿费	7 678	492	15.6	46.2	2.95
(2)	餐饮费	6 353	492	12.9	38.2	2.44
(3)	会场费	2 604	492	5.3	15.7	1.00
	合计	16 635	492	33.8	100.0	

4. 501 人~1000 人的会议消费统计

符合本次统计标准规模在 501 人~1000 人的会议有 159 个,消费总额为 0.94 亿元,会均消费为 59.0 万元。会场费、餐饮费和住宿费之比为 1∶1.81∶2.02(参见表 2-35)。

表 2-35 2011 年中国 501 人~1000 人会议会均消费统计表

单位:万元

序号	项目	总消费	会议数量(个)	会均消费	比例(%)	比较
(1)	住宿费	3 919	159	24.6	41.8	2.02
(2)	餐饮费	3 517	159	22.1	37.5	1.81
(3)	会场费	1 938	159	12.2	20.7	1.00
	合计	9 373	159	59.0	100.0	

5. 1001 人~2500 人的会议消费统计

符合统计标准规模在 1001 人~2500 人的会议有 33 个,消费总额为 0.71 亿元,会均消费为 214.1 万元。会场费、餐饮费和住宿费之比为 1∶2.07∶2.90(参见表 2-36)。

表 2-36 2011 年中国 1001 人~2500 人会议会均消费统计表

单位:万元

序号	项目	总消费	会议数量(个)	会均消费	比例(%)	比较
(1)	住宿费	3 432	33	104.0	48.6	2.90
(2)	餐饮费	2 447	33	74.2	34.6	2.07

续表

序号	项目	总消费	会议数量(个)	会均消费	比例(%)	比较
(3)	会场费	1 184	33	35.9	16.8	1.00
	合计	7 064	33	214.1	100.0	

以上各档会议的会均消费水平呈现明显的正比趋势,即会议的规模越大,会均消费水平越高(参见表2-37和图2-21)。501人~1000人的会均消费是100人及以下会议的10倍,而千人以上会议的消费水平则是100人及以下会议的34倍,表明酒店接待一个千人以上会议的收入等于接待30多个百人以下的会议。这充分体现出大型会议的规模效应。

表2-37 2011年各档规模会议会均消费水平统计表

单位:万元

序号	人数	会均消费
(1)	100人及以下	6.3
(2)	101人~300人	17.3
(3)	301人~500人	33.8
(4)	501人~1000人	59.0
(5)	1001人~2500人	214.1

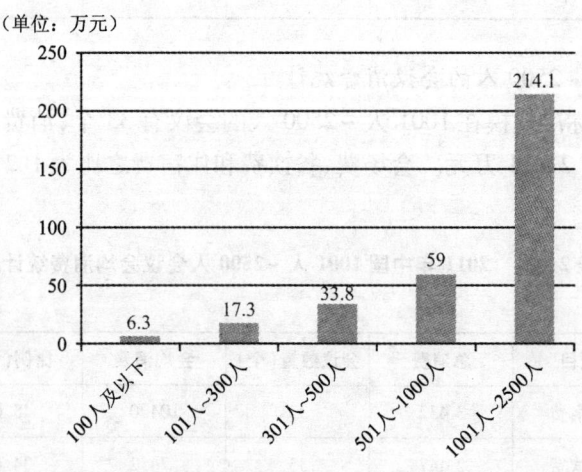

图2-21 2011年各档会议规模会均消费水平示意图

五、按会议性质分类的消费统计

1. 工作会议的消费统计

符合本次统计标准的工作会议共有 3 499 个,消费总额为 2.97 亿元,会均消费为 8.5 万元。会场费、餐饮费和住宿费之比为 1∶2.55∶3.02(参见表 2-38)。

表 2-38　2011 年中国工作会议消费水平统计表

单位:万元

序号	项目	总消费	会议数量(个)	会均消费	比例(%)	比较
(1)	住宿费	13 681	3 499	3.9	46.0	3.02
(2)	餐饮费	11 536	3 499	3.3	38.8	2.55
(3)	会场费	4 526	3 499	1.3	15.2	1.00
	合计	29 743	3 499	8.5	100.0	

2. 学术交流会议的消费统计

符合统计标准的学术交流会议共有 935 个,消费总额为 1.61 亿元,会均消费为 17.3 万元。会场费、餐饮费和住宿费之比为 1∶1.84∶2.10(参见表 2-39)。

表 2-39　2011 年中国学术交流会议消费水平统计表

单位:万元

序号	项目	总消费	会议数量(个)	会均消费	比例(%)	比较
(1)	住宿费	6 876	935	7.4	42.6	2.10
(2)	餐饮费	6 014	935	6.4	37.2	1.84
(3)	会场费	3 269	935	3.5	20.2	1.00
	合计	16 159	935	17.3	100.0	

3. 签约发布会议的消费统计

符合本次统计标准的签约发布会议共有 221 个,消费总额为 0.36 亿元,会均消费为 16.2 万元。会场费、餐饮费和住宿费之比为 1∶1.57∶1.47(参见表 2-40)。

表2－40 2011年中国签约发布会议消费水平统计表

单位:万元

序号	项目	总消费	会议数量(个)	会均消费	比例(%)	比较
(1)	住宿费	1 309	221	5.9	36.5	1.47
(2)	餐饮费	1 391	221	6.3	38.8	1.57
(3)	会场费	888	221	4.0	24.8	1.00
	合计	3 588	221	16.2	100.0	

4. 培训学习会议的消费统计

符合本次统计标准的培训学习会议共有641个,消费总额为0.73亿元,会均消费为11.4万元。会场费、餐饮费和住宿费之比为1∶2.13∶2.81(参见表2-41)。

表2－41 2011年中国培训学习会议消费水平统计表

单位:万元

序号	项目	总消费	会议数量(个)	会均消费	比例(%)	比较
(1)	住宿费	3 451	641	5.4	47.3	2.81
(2)	餐饮费	2 611	641	4.1	35.8	2.13
(3)	会场费	1 228	641	1.9	16.8	1.00
	合计	7 290	641	11.4	100.0	

5. 表彰总结会议的消费统计

符合统计标准的表彰总结会议共有1 113个,消费总额2.08亿元,会均消费为18.7万元。会场费、餐饮费和住宿费之比为1∶2.64∶3.07(参见表2-42)。

表2－42 2011年中国表彰总结会议消费水平统计表

单位:万元

序号	项目	总消费	会议数量(个)	会均消费	比例(%)	比较
(1)	住宿费	9 491	1 113	8.5	45.7	3.07
(2)	餐饮费	8 173	1 113	7.3	39.4	2.64
(3)	会场费	3 094	1 113	2.8	14.9	1.00
	合计	20 758	1 113	18.7	100.0	

6. 销售订货会议的消费统计

符合本次统计标准的表彰总结会议共有876个,消费总额为2.34亿元,会均消费为26.7万元。会场费、餐饮费和住宿费之比为1:1.87:2.55(参见表2-43)。

表2-43　2011年中国销售订货会议消费水平统计表

单位:万元

序号	项目	总消费	会议数量(个)	会均消费	比例(%)	比较
(1)	住宿费	11 018	876	12.6	47.1	2.55
(2)	餐饮费	8 079	876	9.2	34.5	1.87
(3)	会场费	4 314	876	4.9	18.4	1.00
	合计	23 410	876	26.7	100.0	

会议性质的不同决定了会均消费水平的不同。在按会议性质分类的各类会议中销售订货会议的会均消费水平最高,达到26.7万元(参见表2-44和图2-22)。在当今以市场为主导的经济社会中,销售订货是企业最重要的活动,为了吸引和招揽客户,企业都不惜用重金举办自己的销售订货会议。其他4类会议的会均消费水平都在十几万元左右,只有工作会议的会均消费为8.5万元,这与工作会议会期短的特征是一致的,(参见表2-44)。

表2-44　2011年按会议性质分类会均消费统计表

单位:万元

序号	会议性质	会均消费
(1)	销售订货会议	26.7
(2)	表彰总结年会	18.7
(3)	学术交流会议	17.3
(4)	签约发布会议	16.2
(5)	培训学习会议	11.4
(6)	工作会议	8.5

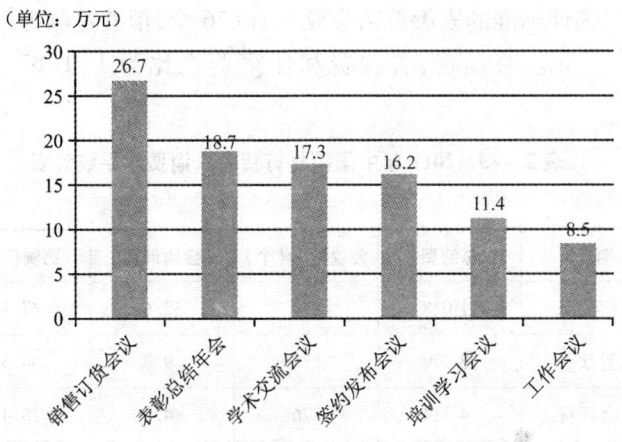

图 2-22 2011 年按会议性质分类会均消费示意图

六、国际会议的消费统计

符合本次统计要求的国际会议共 174 个。这些国际会议在酒店的三项消费总和为 7341.97 万元,会均消费为 42.2 万元,是国内会议 13.86 万元会均消费的 3 倍多,充分反映出国际会议高消费的特点。国际会议三项主要消费的占比也与国内会议有很大的不同。住宿费、餐饮费、会场费之比为 1.19∶0.94∶1.00,各占约 1/3。住宿费少于国内会议的原因,是随着互联网的普及,越来越多的境外代表通过网络订房可以得到更加便宜的价格,而不住会议组织者推荐的所谓"会议酒店"(Congress Hotel)。餐饮费少于国内会议的原因,是按照国际惯例,国际会议,特别是学术交流会议通常不负责提供给会议代表午餐和晚餐;招待会和宴会等大型宴请活动也相对节俭。国际会议最看重的是交流效果,对会场的要求极高,因此会场费就相对较高(参见表 2-45 和图 2-23)。

表 2-45 2011 年中国国际会议三项消费统计表

单位:万元

序号	消费类型	总消费	会议数量(个)	会均消费	比例(%)	比较
(1)	住宿费	2 761.54	174	15.87	38	1.19
(2)	餐饮费	2 207.31	174	12.69	30	0.94

续表

序号	消费类型	总消费	会议数量（个）	会均消费	比例（%）	比较
（3）	会场费	2 373.12	174	13.64	32	1.00
	合计	7 341.97		42.2	100	

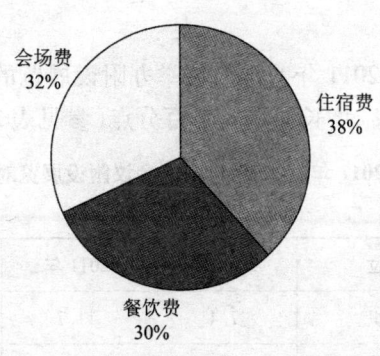

图 2-23　2011 年中国国际会议三项消费比例示意图

第五节　会议附设展览统计

本次有关会议附设展览的统计包括 3 项，即按会议主办机构分类的展览统计、按学科分类的展览统计和按会议性质分类的展览统计。

一、按会议主办机构分类的展览统计

我国 2011 年四大类会议主办机构举办会议附设展览的数量和比例，参见表 2-46。

表 2-46　2011 年中国会议附设展览统计表

序号	主办机构	会议数量（个）	附展数量（个）	比例（%）
（1）	社团组织	1 492	175	11.7
（2）	企业单位	8 633	594	6.9

续表

序号	主办机构	会议数量(个)	附展数量(个)	比例(%)
(3)	政府机构	2 212	48	2.2
(4)	事业单位	3 643	74	2.0
	合　计	15 980	891	5.6

本次统计结果显示,2011年我国会议举办附设展览的比例比2010年有所提高,由4.2%增长到5.6%,增长了1.4个百分点(参见表2-46和图2-24)。

表2-47　2011年与2010年中国会议附设展览对比分析表

单位:%

序号	主办单位	2010年	2011年	增加比例	增加幅度
(1)	社团组织	7.4	11.7	4.3	58.1
(2)	企业单位	3.6	6.9	3.3	91.7
(3)	政府机构	5.4	2.2	-3.2	-59.3
(4)	事业单位	2.4	2.0	-0.4	-16.7
	合　计	4.2	5.6	1.4	33.3

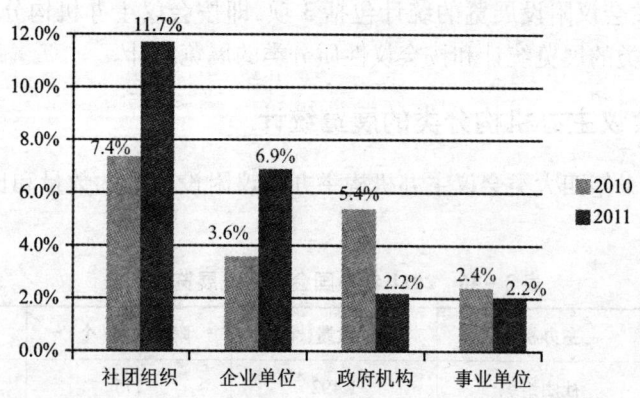

图2-24　2011年与2010年中国会议附设展览对比增幅示意图

2011年与2010年相比,四大类主办机构举办会议附带展览的情况是有所变化的(参见表4-47和图2-24)。社团会议仍然是举办附设展览最多的一类会议,比2010年增加了4.3个百分点,比例高达11.7%,平均不到10个会议就有1个附设展览。社团会议主要是学术交流会议,其附设展览的比例增加,主要是由于企业的积极参与。这说明在经济下行期间,企业希望通过会议附展这个平台,接触到更多处于该行业领军地位的专家学者,通过与他们直接交流获得的信息和灵感,是参加商业展览所得不到的。

企业会议举办附设展览的增长幅度最大,由2010年的3.6%上涨到6.9%,相对比例增加了91.7%,说明企业强烈感觉到了展览在树立企业形象、加强合作和推销产品方面的巨大作用,从而愿意投入更多的钱举办展览。政府会议的展览由2010年的5.4%下降到2.2%,下降幅度为3.2个百分点,其原因应该与大幅度压缩举办会议和展览的财政经费有关。2011年事业单位会议举办附设展览的比例与2010年相比略有下降。

二、按学科分类的展览统计

由于2010年仅对99个社团会议和事业单位会议的附设展览进行了统计,而2011年是对全部会议的附设展览进行统计,因此按学科分类附设展览的统计结果与2010年大相径庭。两年的统计数据没有任何可比性(参见表2-48)。

表2-48 2011年按学科分类中国会议附设展览统计表

单位:个

序号	学科	会议数量	附展数量	其中:				比例(%)
				事业	社团	政府	企业	
(1)	人文与社会科学	12 948	614	38	57	38	481	68.9
(2)	工程与技术科学	1 564	130	8	37	4	81	14.6
(3)	医药科学	897	124	25	67	4	28	13.9
(4)	农业科学	254	13	2	8	2	1	1.5
(5)	自然科学	317	10	1	6	0	3	1.1
	合计	15 980	891	74	175	48	594	100.0

由于许多会议附设展览都是商业贸易性的展览,包括服装展、家具展、日用

品展、旅游展、成果展等，在我国的学科分类中都归为人文和社会科学，致使占比68.9%的展览都属于这类学科。工程与技术科学和医药科学附设展览的数量分别排在第二位和第三位，原因还是由于这两类学科实用性最强，与企业结合最密切，因此企业愿意出钱参展，办展相对比较容易。农业科学和自然科学附设展览的占比最小，仅1个百分点左右。

三、按会议性质分类的展览统计

本次统计首次推出按会议性质分类的附设展览统计（参见表2-49）。销售订货会议是举办附设展览最多的一类会议，相对比例高达18.1%，平均每5个会议就有一个举办展览，表现出展览可以对产品销售起到更好的促进效果。签约发布会议和学术交流会议举办附设展览的相对比例依次排在第二位和第三位，均在10%以上，说明这两类会议与产业关联度也比较紧密。其他三类会议举办展览的比例相对较小，特别是工作会议，举办附设展览的比例仅为1.1%。

表2-49 2011年按会议性质分类中国会议附设展览统计表

序号	会议性质	数量(个)	展览数量(个)	比例(%)
(1)	销售订货推介会议	2 107	382	18.1
(2)	签约发布会议	609	64	10.5
(3)	学术交流会议	2 088	215	10.3
(4)	表彰总结年会	2 634	109	4.1
(5)	培训会议	1 384	43	3.1
(6)	工作会议	7 158	78	1.1
	合计	15 980	891	5.6

第六节 国际会议统计

国际会议一直是会议业界最感兴趣的一类会议。我国许多城市都在打造"国际会议之都"，各个城市举办国际会议的数量也就更加引人关注，有些城市也经常以列入某国际组织统计报告的城市排名而引以为豪，可见国际会议排名在人们心目中的分量。本次有关国际会议的统计仍然包括 3 项,即按会议主办机构分类的国际会议统计、按学科分类的国际会议统计和按城市举办国际会议数量的统计。

一、按会议主办机构分类的国际会议统计

表 2-50 是我国 2011 年按会议市场分类的国际会议的统计结果。社团组织举办的国际会议的数量不是最多,但占比最高,达到 7.8%。其他三类会议主办机构所举办的会议中的国际会议的比例均在百分之一点多,相互之间差不到 0.5 个百分点。

表 2-50 2011 年按主办机构分类的中国国际会议统计表

序号	主办单位	会议总数量(个)	国际会议数量(个)	比例(%)
(1)	社团	1 492	117	7.8
(2)	企业	8 633	167	1.9
(3)	政府	2 212	38	1.7
(4)	事业单位	3 643	55	1.5
	合计	15 980	377	2.4

由表 2-51 可以看出,2011 年的统计数据与 2010 年相比较,我国所举办会议中国际会议的比例从 1.3% 上涨到 2.4%,增长了 1.1 个百分点。其中社团会议中的国际会议比例增长得最多,由 2010 年的 4.2% 上涨到 7.8%,增加了 3.6 个百分点,会议数量增加了 85.7%。原因主要还是代表我国加入国际组织的机构多数是社团组织。随着我国的国际地位的不断提高,他们代表我国申办的国际组织的系列性会议也越来越多。另外由于我国许多学科领域的研究水平不断提高,吸引了许多国外同行来我国参加这些会议,致使我国许多社团组织举办的一些国内会议的国际化趋势也越来越明显。公司会议中国际会议数量的排名从 2010 年的第四位跃居到 2011 年的第二位,占比由 0.4% 上升到 1.9%,增长了 1.5 个百分点。主要原因有二:一是旅游条件的改善,使我国成为奖励旅游的首选目的地国家。许多跨国公司都将他们企业年会放在我国举办;二是中国成为国外企业不可忽视的重要市场,即使是一些中国本土企业主办的会议,境外参会者、演讲人也呈现大幅增长的趋势。政府会议中的国际会议排在第三位,比例也

由 2010 年的 1.3% 上升到 1.7%。而事业单位举办的国际会议排在最后,比例与 2010 年相同,均为 1.5%。

表 2-51　2011 年与 2010 年按主办机构分类的中国国际会议对比分析表

单位:%

序号	主办单位	2010 年	2011 年	增长	相对比例
(1)	社团	4.2	7.8	3.6	85.7
(2)	企业	0.4	1.9	1.5	375.0
(3)	政府	1.3	1.7	0.4	30.8
(4)	事业单位	1.5	1.5	0.0	0.0
	合计	1.3	2.4	1.1	84.6

二、按学科分类的国际会议统计

不同学科的国际会议数量,也有很大的差别(参见表 2-52 和图 2-25)。人文与社会科学中的国际会议数量最多,占比也最高,为全部国际会议的 63.4%。医药科学领域中的国际会议数量和占比都排在第二位,分别达到 64 个和 17.0%。工程与技术科学领域中的国际会议数量和占比仅次于医药会议,为 57 个和 15.1%。自然科学和农业科学中的国际会议最少,总量仅占 4.5%,这既反映出该两类学科中的国际交流相对不够活跃,又说明这两个学科领域中支持国际会议的经费不足,在一定程度上制约了国际会议的发展。

表 2-52　2011 年按学科分类的中国国际会议统计表

序号	学科	数量(个)	比例(%)
(1)	社会科学	239	63.4
(2)	医药科学	64	17.0
(3)	工程科学	57	15.1
(4)	自然科学	11	2.9
(5)	农业科学	6	1.6
	合计	377	100.0

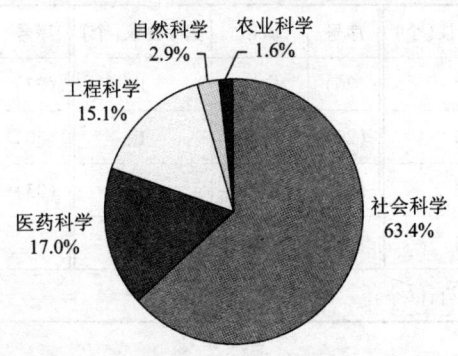

图 2-25 2011 年中国国际会议按学科分类的比重分析图

二、按城市举办国际会议的数量统计

2010 年仅有 10 个城市提供了国际会议的数据,2011 年增加到了 34 个城市,参与的城市数量增加了 2.4 倍。从表 2-53 可以看出,北京以举办 107 个国际会议排名第一,上海举办 83 个国际会议排名第二,大连举办 47 个国际会议排名第三。排名第四位至第十位的城市分别是西安、南京、成都、昆明、杭州、武汉和长沙。这些城市举办国际会议多的原因是城市会议设施良好、旅游资源丰富、交通方便,以及政府的支持,同时还有雄厚的产业基础。

表 2-53 2011 年中国举办国际会议的城市一览表

单位:个

序号	城市	国际会议(个)	序号	城市	国际会议(个)	序号	城市	国际会议(个)
(1)	北京	107	(2)	上海	83	(3)	大连	47
(4)	西安	19	(5)	南京	18	(6)	成都	12
(7)	昆明	12	(8)	杭州	9	(9)	武汉	7
(10)	长沙	7	(11)	深圳	6	(12)	合肥	5
(13)	南通	5	(14)	南宁	4	(15)	绍兴	4
(16)	阿坝州	4	(17)	扬州	3	(18)	惠州	3
(19)	舟山	3	(20)	贵阳	2	(21)	长春	2
(22)	苏州	2	(23)	丽水	2	(24)	广州	1

续表

序号	城市	国际会议(个)	序号	城市	国际会议(个)	序号	城市	国际会议(个)
(25)	哈尔滨	1	(26)	宁波	1	(27)	青岛	1
(28)	唐山	1	(29)	盐城	1	(30)	常州	1
(31)	佛山	1	(32)	临沂	1	(33)	马鞍山	1
(34)	桐乡	1						
国际会议合计(个)						377		

国际大会及会议协会(ICCA)的《国际协会会议统计报告2011》中,对全世界369个城市按所举办的国际会议数量进行排名,其中有我国大陆的11个城市(见表2-54),而2010年仅有6个城市榜上有名。与2010年相比新增加了成都、大连、深圳、天津、南京和长沙6个城市,而减去了武汉。这个排名顺序与本统计分析报告中的排名顺序基本相符。

表2-54 ICCA《国际协会会议统计报告2011》中2011年和2010年中国举办国际会议的城市排名

序号	2011年			2010年		
	名次	城市	数量(个)	名次	城市	数量(个)
(1)	10	北京	111	12	北京	98
(2)	24	上海	72	21	上海	81
(3)	142	杭州	15	177	西安	11
(4)	149	西安	15	185	杭州	10
(5)	198	成都	10	291	重庆	6
(6)	241	大连	8	331	武汉	5
(7)	266	深圳	8			
(8)	270	天津	8			
(9)	283	重庆	7			
(10)	327	南京	6			
(11)	358	长沙	5			

第七节 交叉统计

这类统计有一个共同的特点就是每项统计中都涉及两个统计指标。本次交叉统计包括3项,即按会议主办机构分类的参会人数统计、按学科分类的参会人数统计和按会议性质分类的会议数量统计。

一、按会议主办机构分类的参会人数统计

表2-55是2011年按照会议主办机构分类的参会人数统计的数据。与2010年相比,会均参会人数由254人减少到230人,减少了9.4%,这与大量中小型会议酒店提供的会议大多数都是中小型会议有关。

四大类主要会议市场的会均参会人数排序与2010年相同,即社团、企业、政府和事业单位。虽然社团会议会均参会人数仍然最多,但已从2010年的430人减少到2011年的291人,减少了32.3%。原因在于以往许多参加社团会议代表的经费均由企业支付。这种现象在医学会议中表现得尤为突出。由于医药改革和"合规"政策的不断出台,致使部分由企业支付会议费用的参会代表人数有所减少。企业会议的会均参会人数略有增加,从2010年的254人增加到2011年的286人,增加了12.6%。政府会议的会均参会人数由2010年的196人下降到2011年的146人,下降了25.5%;事业单位会议的会均参会人数由2010年的180人下降到2011年的125人,下降了30.1%,下降原因还是严控政策所致(参见表2-56和图2-26)。

表2-55 2011年按照主办机构分类的会均参会人数统计表

序号	会议性质	会议数量(个)	参会总人数	平均参会人数
(1)	社团组织	1 492	434 076	291
(2)	企业单位	8 633	2 471 220	286
(3)	政府机构	2 212	323 265	146
(4)	事业单位	3 643	454 296	125
	合计	15 980	3 682 857	230

表 2-56 2011 年与 2010 年按照主办机构分类的会均参会人数对照表

序号	会议性质	会议数量(个)		人数变化	相对比例
		2010 年	2011 年		
1	社团组织	430	291	-139	-32.3%
2	企业单位	254	286	32	12.6%
3	政府机构	196	146	-50	-25.5%
4	事业单位	180	125	-55	-30.6%
	合计	254	230	-24	-9.4%

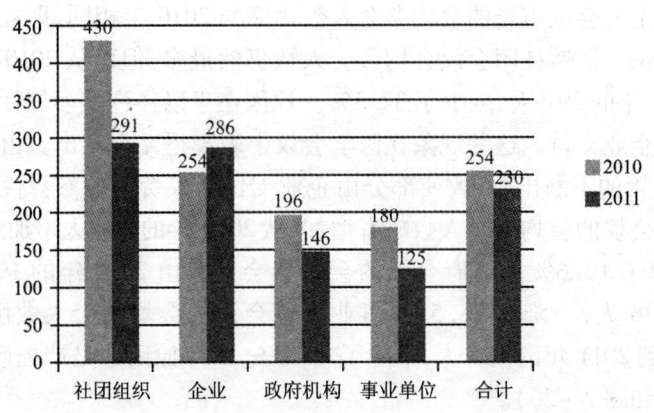

图 2-26 2011 年与 2010 年按照主办机构分类的会均参会人数对比分析图

二、按会议学科分类的参会人数统计

2010 年仅对事业单位和社团组织的会议按学科分类进行了统计,2011 年则是对全部样本会议进行了学科统计,因此在这个分类中两年之间的数据没有可比性。

表 2-57 给出按会议学科分类的会均参会人数统计情况。统计结果清楚地显示,在五大学科分类中,医药科学的参会人数最多,会均参会人数 277 人,表明目前我国医学科学的会议规模普遍较大。我国万人以上的超大型学术会议基

本都是医药科学的会议。人文与社会科学的会均参会人数为 240 人,排在第二位。其他三类学科的会议的会均参会人数均在 150 人左右(参见图 2 - 27)。

表 2 - 57 2011 年中国会议按学科分类的会均参会人数统计表

序号	学科	会议数量(个)	总人数	平均参会人数
(1)	医药科学	897	248 715	277
(2)	社会科学	12 948	3 104 704	240
(3)	工程科学	1 564	245 452	157
(4)	自然科学	317	48 139	152
(5)	农业科学	254	35 847	141
	合 计	15 980	3 682 857	230

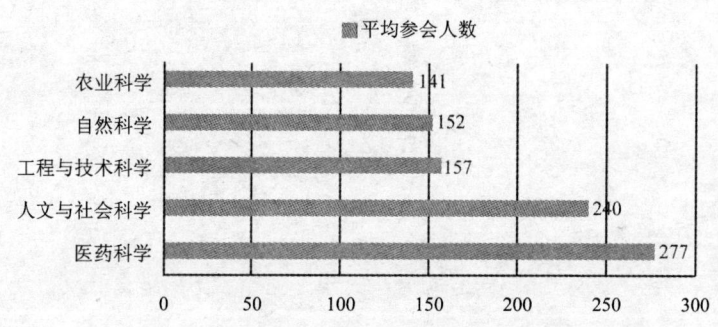

图 2 - 27 2011 年按学科分类的会均参会人数示意图

三、按会议性质分类的会议数量统计

在我国的四大会议市场中,企业会议占比高达 54%,因此表 2 - 58 中的统计中显示,在六类按会议性质分类的统计中,企业会议的数量在其中五类会议中都占到了绝对多数,占比高达 45% ~ 82%。唯独在学术交流会议中,事业单位和社团组织举办的也比较多,分别占到 27% 和 26%。

表 2-58　2011 年中国会议按会议性质分类的会议数量统计表

单位:个

序号	会议性质	企业	事业	政府	社团	合计
(1)	工作会议	3 278	2 075	1 404	401	7 158
(2)	总结表彰年会	1 551	498	341	244	2 634
(3)	销售订货会议	1 737	118	90	162	2 107
(4)	学术交流会议	763	573	207	545	2 088
(5)	培训学习会议	884	296	115	89	1 384
(6)	签约发布会议	420	83	55	51	609
	合　计	8 633	3 643	2 212	1 492	15 980
	比　例(%)	54.0	23.0	14.0	9.0	100.0

第三章 《中国会议统计分析报告》介绍

一、编制《中国会议统计分析报告》的目的和作用

统计具有提供信息、咨询和指导等重要作用。我国许多行业都有专门的机构对本行业的信息进行统计,在此基础上形成行业统计分析报告,用于指导行业未来的发展。我国会议行业是伴随着改革开放逐渐发展起来的。改革开放后,进入我国的跨国公司带来了许多新的经营管理理念。这些公司将各种会议交由专业会议服务公司运作,而非由公司内部的行政部门承办。之后,国内公司也纷纷效仿,逐渐形成了我国的企业会议市场。改革开放还促进了我国科技、经济和金融等产业的快速发展。这些产业中的社团组织和行政事业单位举办的会议越来越多,规模越来越大,也逐渐交给专业会议服务公司承办,逐渐形成了社团会议市场和事业单位会议市场。与世界上大多数国家的情况不同,我国各级政府也举办大量的会议,形成独特的政府会议市场。这四大会议市场形成了我国特有的会议行业。据国外研究机构推测,我国每年举办各种会议多达几千万个,会议产值近万亿元,参加会议的人数有上亿之多,年均增长20%。但是,这样一个巨大的行业,一直都没有一个行业统计分析报告。

2010年首部《中国会议统计分析报告》的出版填补了这项空白。报告一经推出就受到业界的高度重视。新华社等各大媒体进行了报道,许多网站也进行了转载和宣传。有些城市的会展主管机构也在年终总结报告中引用了会议分析报告中的数据。在业界有重要影响的《中国会议》和《旅游会展》杂志,都将《中国会议统计分析报告》的发布评为2011年会议产业界十件大事之一。我们有理由相信,经过全行业的不懈努力,经过一段时间的积累,《中国会议统计分析报告》将会起到越来越大的作用。

第一,《中国会议统计分析报告》将成为我国各级政府在发展本地区会议产业决策时的重要依据。目前我国许多城市越来越重视会议产业的发展,北京甚至提出"以会兴业、以会富民、以会兴城"的战略方针。对会议产业制定政策、编制规划、配套资金和建设场馆时,需要依靠定量的会议分析报告中的各种数据,以增加科学性,避免盲目性。《中国会议统计分析报告》的推出能够给我国各级政府决策时提供一个重要依据,避免以往仅使用国际大会及会议协会(ICCA)一

家的统计报告的现象。以往一些城市盲目修建豪华大型会议中心,甚至建造多个,主会场极大,分会场极多,而使用率又极低。这种现象出现的一个很重要的原因,是决策时缺乏对目前中国会议行业实际情况的了解。如,2010年的中国会议统计分析报告中显示,我国会议规模在1000人以上的大型会议仅占整个会议市场份额的3.2%,与ICCA的13.6%的统计结果相差甚远。

第二,《中国会议统计分析报告》将成为我国各类会议主办机构举办会议的参考数据。随着我国经济下行压力不断增大,企业会议的主办者越来越注重会议成本的控制,以减少企业的压力。不断出台的各项严厉的限制开会的政策,也使得政府会议和事业单位会议更加严格控制会议的各项消费。原本就需要商业化运作的社团会议也更需要各种统计数据作为参考。因为能否选择合适的会议城市、会议场地及合适的会议时间,都将成为社团会议能否成功运作的重要因素。这将有助于社团会议的财务管理。统计分析报告中专门设置了有关会议地点和会议时间的各项统计,特别是在2011年的统计分析报告中还增加了几十种会议消费的统计,可以作为各类会议组织者在举办会议时的参考依据。

第三,《中国会议统计分析报告》将对我国会务服务机构开发会议市场起到借鉴作用。中国会议行业是否能逐渐提升为会议产业,其关键是会议服务业能否快速发展。处于会议产业链的上游机构是会议主办单位,即企业、政府、事业单位和社团组织。处于会议产业链中游的是会务服务机构,主要是旅行社和会议服务公司。处于会议产业链下游的是会议场所机构,主要是会议中心、酒店和度假村。会务服务机构能否做大做强,关系到我国会议产业化进程能否加速实现。2010年的统计结果并不很乐观,90.9%的会议都是主办机构承办自己的会议,而交给会务服务机构举办的会议仅为9.1%。2011年会务服务机构承办的会议有所上升,达到11.9%,但也仅仅增加了2.8个百分点,且主要是大型社团会议和大型企业会议。这些统计数据将对我国会务服务机构开发会议市场起到一定的借鉴作用。

第四,《中国会议统计分析报告》将对我国会议场所的经营管理起到指导作用。《中国会议统计分析报告》的全部统计数据仅从会议型酒店一个渠道获得,设置的各种统计数据也与会议型酒店具有密切的关联。不同类型的会议在会议型酒店中的各种消费也不尽相同。为了经营的需要,在硬件条件允许的情况下,会议型酒店希望接待的会议规模越大越好,持续时间越长越好。由于国际会议会均消费是国内会议会均消费的3倍,所以更希望举办国际会议。对此,会议统计分析报告中设有专门的分类统计指标,特别是各种消费及月份分布也都给出了定量的数据分析,例如,其中许多数据呈现出有规律可循的正相关或负相关,如,政府会议的会议时间短,但餐饮消费高;而社团会议的会议时间长,餐饮消费低等。希望这些统计数据能对会议型酒店的经营者们,在进行经营管理时起到一定的指导作用。

二、编制《中国会议统计分析报告》的机构

《中国会议统计分析报告》在会议行业的作用是毋庸置疑的。但是,长期以来,中国一直没有编制出一部会议统计分析报告。究其原因,编制机构成为主要掣肘。

《中国会议统计分析报告》是依据统计学的基本原理和方法,建立一套较为完整和科学的会议统计指标,并按这些统计指标定向地搜集会议数据,然后对数据进行筛选、分类、统计和计算,在此基础上列出表单,做到图文并茂。根据统计的数据和计算的结果,结合我国会议行业的实际情况与国外会议业进行比较,分析出我国会议市场与其他国家会议市场相同和不同的状况、形成的原因、表现出的特点,以及未来发展趋势、不足之处和改进的可能性等。统计分析报告是以定性分析与定量分析相结合,定量分析为主;以数字表示与文字描述相结合,数字文字并重进行编纂的。因此,编制《中国会议统计分析报告》的机构必须满足如下几个基本条件,才有可能开展编制工作。

第一,编制机构要有足够的权威性,一定是全国性机构。

第二,编制机构要有作公益事业的精神。

第三,编制机构要有全国性的工作网络或渠道。

第四,编制机构要有一定的财力。

第五,编制机构要有自己的互联网系统和大型在线数据库。

第六,编制机构要有优秀的工作团队。这个团队要能集合各方面的人才。他们要有统计学、逻辑学和经济学的基本知识;要会熟练使用计算机,特别是使用大型数据库;更重要的是,要有熟悉会议行业和一定写作能力的人才。

中国旅游饭店业协会、中国旅行社协会和中国会议酒店联盟就符合上述六项基本条件。中国旅游饭店业协会和中国旅行社协会是我国旅游行业中最具权威的机构。两年来会议数据的搜集,都是以两个协会的名义发文才得到了广泛的响应,顺利地完成了统计数据的采集工作。中国会议酒店联盟也是一家全国性机构,在我国大部分省份中都有其会员,渠道相对比较畅通。联盟也具有一定的经济实力,为此项公益事业投入了大量的财力、物力和人力;为编制会议统计分析报告,建立了大型数据库,安排专门人员负责搜集会议数据,并有熟练使用数据库的专家对采集数据进行加工和统计,最终中国会议统计分析报告才得以

编制成功。

三、编制《中国会议统计分析报告》的步骤

《中国会议统计分析报告》是按照以下六个步骤进行编制的(参见图3-1):

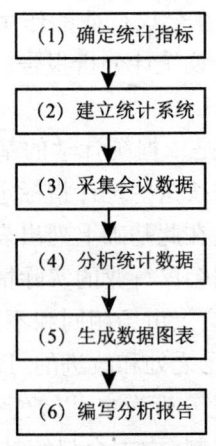

图3-1 报告编纂步骤

第一,确定统计指标。编制《中国会议统计分析报告》首先要确定一套相对比较科学的统计指标体系,才能达到定量研究的目的。由于我们能参考到的只有ICCA的会议统计报告,而ICCA会议统计报告中有的统计对象很宽,如,对全世界各大洲、各个国家的统计;但有的统计对象又很窄,如,所统计的国际会议必须是社团的和必须是在三个国家以上轮流举办的才进行统计。因此许多指标我们难以借用,我们只能结合中国国情确定各种统计指标。经过反复思考,不断实践,在2010年的13项统计指标中又增加了消费统计和流动性统计,最终确定了2011年的15项统计指标。

第二,建立统计系统。建立统计系统就是按选用的会议统计指标设计会议统计表单,再按统计表单的要求建立数据库。会议酒店联盟本次使用的数据库是SQL Server,可以很方便地实现在线填写会议数据和进行后台数据管理。SQL Server数据库与微软office办公软件中的Access和Excel相互兼容,为数据下载后在本地计算机上加工操作提供了极大的方便。

第三,采集会议数据。为了保证统计数据相对客观,《中国会议统计分析报告》坚持仅从一个渠道采集会议样本信息。会议酒店就是会议信息的唯一来源。

同时仅使用发调查表的唯一方式。本次会议数据统计是以中国旅游饭店业协会、中国旅行社协会和中国会议酒店联盟的名义,以红头文件的形式,向全国近2000多家会议型酒店发出"关于开展《2011中国会议蓝皮书》编写工作的通知"。最终有来自全国25个省、直辖市和自治区,97个城市中的200多家会议型酒店提供了15 980个有效统计样本,各项数据比2010年都有大幅提高。这些会议酒店既包括中国各大城市主要的大型会议中心和会议型酒店(如,国家会议中心、上海国际会议中心、杭州第一世界大酒店和亚布力国际会展中心等),同时,也有大批中小型会议酒店积极参与了这项活动。所有酒店按照相同的统计标准提交会议信息,保证了数据的一致性,为数据整理、加工和分析打下了良好的基础。虽然统计数据比2010年有明显的增加,但是与中国几千万个会议相比较,统计样本还是偏少,因此,报告中的统计分析结果仍然会有一些偏差和偶然性。我们有理由相信,经过几年的努力工作,待会议的统计样本增加到一定数量时,就会大大增加统计结果的客观性。

第四,分析统计数据。在对采集到的会议信息进行分析前,必须对这些数据作必要的加工。首先,要对数据进行判别和筛选。在大量的原始数据中,不可避免地存在一些无效或错误数据,如,有的酒店将婚庆活动和演出活动也一并提交;还有同一个城市的多个酒店提供同一个会议的信息等。通过认真判别和筛选,保证了统计数据的真实性和可靠性。本次共采集到18 500多个会议和活动信息,用了一个多月的时间,对每一个会议都进行了认真的人工筛选,删去了2 500多个不符合本次会议统计标准的会议和不属于会议的活动,最终获得了15 980个有效统计样本。其次,要对数据进行分类和排序。统计来的数据是一种初始的、凌乱的和孤立的数据,要把这些数据按各种统计要求进行分类和排序。本次报告最终确定了29项统计,分为7个统计分组。最后,是要对分类排序后的数据进行计算和研究,最终生成与统计指标一一对应的各种统计数据组,为下一步生成数据图表打下基础。

第五,生成数据图表。按照统计指标的要求,利用微软office办公软件中的电子表格Excel,将各种统计数据组制作成各种表单,求出数据的绝对值和数据之间的相对比例,在表单的基础上制作各种统计图形。本统计分析报告主要使用饼形图和柱形图。饼形图能比较清楚地表示出同一类别中各个分项部分在总体中所占份额,特别适用于各个分项部分相对比例差别并不十分悬殊的情况。柱形图主要表示不同类别的数据,或者同一类别中分项太多时使用。2011年的统计分析报告中使用的柱形图明显地多于2010年的统计分析报告,因为两年之间各种数据的比较须以大量使用柱形图来表示。折线图也是统计分析报告中经常使用的图形。折线图以时间为横轴,表示事物随时间变化的发展趋势。本次统计分析报告中没有使用折线图,但在5年之后,《中国会议统计分析报告》有一些统计结果中已经能反映几年中的变化趋势时,就会大量使用折线图。这也正是统计分析报告的魅力所在。

第六,编写分析报告。生成表单上的各种数据和计算出的相对比例,都是编写分析报告的基础。由于会议的统计数据大多数都是单一因素,使用比较法进行分析就足够了,常使用横向比较法和相对比较法。横向比较法,用于将我们的统计数据与其他机构的统计数据进行比较,找到相同或者不同的原因,并进行合理的分析解释。相对比较法,用于同项统计中的各个子项所占的相对比例,分析其产生的原因和变化趋势。因为已经是第二次编制统计分析报告了,有了两年的时间跨度,因此一些统计数据也开始使用纵向比较法进行。经济形势的发展趋势、国家的有关会议政策和产业政策对会议统计结果的影响也开始写入分析报告中。

第四章　编制机构介绍

一、中国旅游饭店业协会

［简介］

中国旅游饭店业协会(www.ctha.com.cn)成立于1986年2月,经中华人民共和国民政部登记注册,具有独立法人资格,是中国境内的饭店和地方饭店协会、饭店管理公司、旅游院校、饭店用品供应厂商等相关单位,按照平等自愿原则结成的全国性行业协会。其主管单位为中华人民共和国国家旅游局。中国旅游饭店业协会于1994年正式加入国际饭店与餐馆协会(英文缩写为IH&RA),现为董事会常务董事。会长张润钢。

［宗旨］

遵守国家法律法规,遵守社会道德风尚,代表中国旅游饭店业的共同利益,维护会员的合法权益,倡导诚信经营,引导行业自律,规范市场秩序。在主管单位的指导下,为会员服务、为行业服务,在政府与企业之间发挥桥梁和纽带作用,为促进中国旅游饭店业的健康发展作出积极贡献。

［会员］

中国旅游饭店业协会会员中聚集了全国饭店业中知名度高、影响力大、服务规范、信誉良好的星级饭店。国际著名饭店集团在内地管理的饭店基本上都已成为协会会员。目前,中国旅游饭店业协会共有会员2669家、理事单位333家。其中常务理事单位123家。

［服务］

◆ 通过对行业数据进行科学统计和分析,形成专业分析报告。

◆ 对行业发展现状和趋势作出判断和预测,引导和规范市场。

◆ 组织饭店专业研讨、培训及考察;开展与海外相关协会的交流与合作。

◆ 利用中国旅游饭店网和协会会刊《中国旅游饭店》向会员提供快捷资讯,为饭店提供专业咨询服务。

◆ 饭店星评复核工作。

二、中国旅行社协会

[简介]

中国旅行社协会(www.cats.org.cn)成立于1997年10月,是由中国境内的旅行社、各地区性旅行社协会等单位,按照平等自愿原则结成的全国旅行社行业的专业性协会,是业经国家民政部门登记注册的全国性社团组织,具有独立的社团法人资格。

[宗旨]

中国旅行社协会代表和维护旅行社行业的共同利益和会员的合法权益,努力为会员服务、为行业服务,在政府和会员之间发挥桥梁和纽带作用,为中国旅行社行业的健康发展作出积极贡献。

[会员]

协会实行团体会员制,所有在中国境内依法设立、守法经营、无不良信誉的旅行社与旅行社经营业务密切相关的单位和各地区性旅行社协会或其他同类协会,只要承认和拥护本会章程、遵守协会章程、履行应尽义务,均可申请加入协会。协会对会员实行年度注册公告制度。每年年初会员单位必须进行注册登记。协会对符合会员条件的会员名单向社会公告。

协会的最高权力机构是会员代表大会,每4年举行一次。协会设立理事会和常务理事会。理事会,对会员代表大会负责,是会员代表大会的执行机构,在会员代表大会闭会期间领导协会开展日常工作;常务理事会,对理事会负责,在理事会闭会期间,行使其职权。

截至目前,会员单位共计981家。其中会员单位711家,理事单位144家,常务理事单位105家,会长、副会长单位21家。

[服务]

协会成立12年来,在国家旅游管理机构的领导、民政部门的监督和中国旅游协会的业务指导下,在全体会员的大力支持下,组织会员单位开展了调研、培训、学习、研讨、交流、考察等一系列活动。宣传贯彻国家旅游业的发展方针和旅行社行业的政策法规,总结交流旅行社的工作经验。协会的工作得到了业界和会员单位的充分肯定。

三、中国会议酒店联盟

[简介]

中国会议酒店联盟(www.confhotel.cn),是在中国旅游协会支持和中国旅游饭店业协会指导下,由管理规范、影响力大、会议接待水平高的国内大中型会议中心、会议酒店等单位,按照平等自愿原则结成的全国性合作组织。联盟于2008年成立,目前有会员酒店70余家。其中轮值会长单位4家,副会长单位11家;下设秘书处和专家顾问委员会,为会员酒店服务并提供智力支持。

[宗旨]

联盟致力于帮助成员单位,为会议组织者提供能够满足其举办各种类型会议所需要的会议设施、设备及高效率、规范化的会议管理与服务;同时也致力于增进会议酒店之间国内外的交流与合作,创建会议酒店业务拓展及信息交流平台,鼓励会议酒店创新经营,提升会议管理与运作的专业化水平,全面增强"联盟"及其成员的社会知名度与美誉度。

[服务]

◆ 举办"中国会议经济与会议酒店发展大会"、年度采购年会,为会议产业各方搭建交流对接、合作共赢的平台。

◆ 通过"会议酒店高级会议经理认证",提升会员酒店会议及宴会管理服务水平,促进会议酒店品质的提升。

◆ 《中国会议统计分析报告》、《中国会议市场调查报告》、《中国会议酒店建设与运营规范》及其他研究报告是为会议产业各界提供市场分析预测和制定发展战略的有力依据。

◆ "中国会议酒店网"为会议组织者提供对联盟会员酒店及优秀会议酒店的快速在线搜索、查询和预订功能。

◆ 以《中国会议酒店》、中国会议酒店网、联盟电子周刊为核心媒体,借助行业及社会媒体资源,对会员酒店进行有效宣传,拓宽营销渠道。

◆ 以联盟专家委员会委员及会议产业界专家的强大团队,为会议中心、酒店提供专业指导,并为会议、会展设施的建设提供建设规划、管理运营等专业服务。

第五章　鸣谢提供会议信息的会议酒店

一、2011年度提交会议信息的酒店

（排名不分先后）

行政区域划分	地区	单位
华北地区	北京市	北京紫英阁宾馆
		北京稻香湖景酒店
		北京歌华开元大酒店
		北京港中旅维景国际大酒店
		北京东方花园饭店
		北京昆仑饭店
		北京丽都维景酒店
		北京龙熙温泉度假酒店
		北京工大建国饭店
		康源瑞廷酒店
		首都旅游股份有限公司前门饭店
		北京亮马河大厦
		北京旅居华侨饭店
		北京五棵松饭店
		首都大酒店
		北京远通维景国际大酒店
		北京国际会议中心
		北京国际饭店
		国家会议中心

续表

行政区域划分	地区	单位
华北地区	河北省	沧州金狮国际酒店
		渤海国际大酒店
		沧州盛泰国际酒店
		唐山国丰维景国际大酒店
	内蒙古自治区	呼伦贝尔宾馆
		内蒙古锦江国际大酒店
		包头海德酒店
华东地区	上海市	上海松江开元名都大酒店
		上海悦华大酒店
		上海南郊宾馆
		上海世博洲际酒店
		青松城大酒店
		上海锦江饭店
		上海浦西洲际酒店
		上海新城饭店
		上海国际会议中心
		上海国际饭店
		上海银河宾馆
	江苏省	南通文峰饭店
		常州嬉戏谷开元度假村
		南京鼎业开元大酒店
		南京金陵会议中心
		南京方源金陵国际酒店
		南京金陵江滨酒店

续表

行政区域划分	地区	单位
华东地区	江苏省	苏州新城花园酒店
		淮安鼎立国际大酒店
		扬州云鹤金陵大饭店
		南京军区华山饭店
		苏州胥城大厦
		苏州书香世家独墅湖会所酒店
		苏州书香世家树山温泉度假酒店
		苏州市会议中心
		淮安淮阴宾馆
		淮扬府金蝶苑宾馆
		江苏泗州饭店
		南京侨鸿皇冠假日酒店
		旅居姑苏饭店
		苏州春申湖大酒店
		常熟天铭国际大酒店
		江苏金陵润扬大桥酒店
		江苏云湖国际会议中心
		南京国睿金陵大酒店
		南京金陵饭店
		金陵晶元大酒店
		南京紫金山庄
		苏州金陵观园国际酒店
		太仓金陵花园酒店
		盐城城投水城度假酒店
		盐城驿都金陵大酒店

续表

行政区域划分	地区	单位
华东地区	浙江省	杭州天元大厦
		杭州第一世界大酒店
		振石大酒店
		浙江金马饭店
		台州开元大酒店
		浙江世贸君澜大饭店
		浙江宾馆
		杭州千岛龙庭开元大酒店
		宁波开元名都大酒店
		浦江国际开元大酒店
		千岛湖温馨岛浙旅度假酒店
		杭州太虚湖假日酒店
		杭州开元名都大酒店
		开元宁波九龙湖度假村
		丽水华侨开元名都大酒店
		浙江三立开元名都大酒店
		绍兴金昌开元大酒店
		南苑饭店
		南苑环球酒店
		宁海金海开元名都大酒店
		宁海开元新世纪大酒店
		杭州良渚君澜度假酒店
		义乌市锦都酒店
		温州天豪君澜大酒店

续表

行政区域划分	地区	单位
华东地区	浙江省	富阳国际贸易中心大酒店
		金华国贸景澜大饭店
		慈溪雷迪森广场酒店
		杭州国大雷迪森广场酒店
		杭州雷迪森龙井庄园
		舟山市普陀山雷迪森庄园
		青田正达开元大酒店
		绍兴开元名都大酒店
		象山石浦开元大酒店
	安徽省	黄山国际大酒店
		六安金水湾度假村
		马鞍山南湖宾馆
		安徽徽商齐云山庄
		无为江心洲商务酒店
		黄山碧桂园凤凰酒店
		池州碧桂园凤凰酒店
		滨湖城碧桂园凤凰酒店
		安庆碧桂园凤凰酒店
		芜湖碧桂园凤凰酒店
		合肥泓瑞金陵大酒店
		六安金陵皖西宾馆
	山东省	华盛江泉城酒店
		潍坊钧瀚国际大酒店
		青岛汇泉王朝大饭店

续表

行政区域划分	地区	单位
华东地区	山东省	济南舜耕山庄
		山东颐正大厦
		山东大厦
		济南园博园度假酒店
		枣庄开元凤鸣山庄
		丽天大酒店
		山东临沂荣华大酒店
		贵友大酒店
		东营蓝海国际大饭店
		青岛远洋大酒店
		济南玉泉森信大酒店
		微山南阳水苑度假村
		聊城泉林中苑大酒店
		青岛丽天大酒店
		山东观唐旅游开发有限公司
		山东黄金集团高尔夫度假村
		枣庄峄州大酒店
		曲阜东方儒家花园酒店
华中地区	河南省	洛阳大酒店
		开封开元名都大酒店
		开元中州国际饭店
		中州商务酒店
		信合中州国际饭店
		南阳富唐中州国际饭店
		鹤壁迎宾馆

续表

行政区域划分	地区	单位
华中地区	河南省	丰胜中州商务酒店
		焦作市迎宾馆
		河南道成实业有限公司中州国际饭店
		管城饭店
		瑞景中州国际饭店
		郑州爱琴海酒店
	湖北省	荆门碧桂园凤凰酒店
		随州碧桂园凤凰酒店
		咸宁碧桂园凤凰温泉酒店
		武汉碧桂园凤凰酒店
	湖南省	湖南华天大酒店
		湖南留芳酒店
		株洲华天大酒店
		潇湘华天大酒店
		长沙碧桂园凤凰酒店
	江西省	中景假期酒店
华南地区	广东省	深圳维景京华酒店
		银都(嘉柏)酒店
		深圳深航国际酒店
		惠州市天悦(嘉柏)大酒店
		鹤山碧桂园凤凰酒店
		韶关碧桂园凤凰酒店
		顺德碧桂园度假村酒店
		碧桂园假日半岛酒店
		碧桂花城大酒店

第五章 鸣谢提供会议信息的会议酒店

续表

行政区域划分	地区	单位
华南地区	广东省	台山碧桂园凤凰酒店
		新会碧桂园凤凰酒店
		肇庆碧桂园凤凰酒店
		阳江碧桂园凤凰酒店
		五邑碧桂园凤凰酒店
		高明碧桂园凤凰酒店
		广州凤凰城酒店
		广州白云国际会议中心
	海南省	三亚亚龙湾环球城大酒店
		七仙岭君澜度假酒店
		三亚维景国际度假酒店
	广西壮族自治区	南宁明园饭店
		桂林桂湖饭店
	福建省	厦门翔鹭国际大酒店
		厦门亚洲海湾大酒店
		福建省闽江饭店
		厦门华侨大厦(大酒店)
西北地区	陕西省	西安东方大酒店
		西安建国饭店
		西安万年饭店
		西安(阿房宫)维景国际大酒店
		陕西奥罗国际大酒店
		西安君乐城堡酒店
		西安唐华宾馆

续表

行政区域划分	地区	单位
西北地区	陕西省	西安宾馆
		西安喜来登大酒店
	青海省	青海华辰大酒店
西南地区	重庆市	重庆维景国际大酒店
		重庆长寿碧桂园凤凰酒店
	四川省	绵州酒店
		九寨沟喜来登国际大酒店
		成都世纪城洲际酒店
		成都天府丽都喜来登酒店
		宜宾竹海世外桃源酒店
	贵州省	贵州花溪迎宾馆
		贵州饭店
	云南省	昆明龙腾大酒店
		丽江国际大酒店
		昆明朗威酒店
		曲靖官房大酒店
		云南金泉大酒店
		昆明翠湖宾馆
		昆明官渡大酒店
		玉溪中玉酒店
		昆明泰丽国际酒店
		云南滇池大酒店
		美登大酒店

第五章 鸣谢提供会议信息的会议酒店

续表

行政区域划分	地区	单位
东北地区	吉林省	长春开元名都大酒店
		松原市政府宾馆
		松原市宾馆
		扶余县宾馆
		郭尔罗斯饭店
		大唐长山热电厂明珠宾馆
		长春华天酒店
	辽宁省	沈阳民航宾馆
		大连国际金融会议中心
		沈阳天伦瑞格酒店
		沈阳黎明国际酒店
		沈阳碧桂园假日酒店
	黑龙江省	哈尔滨华旗饭店

二、连续两年提交会议信息的酒店

（排名不分先后）

行政划分区域	地区	单位
华北地区	北京市	国家会议中心
		北京国际会议中心
		北京紫英阁宾馆
		北京稻香湖景酒店
		北京歌华开元大酒店
	河北省	渤海国际会议中心

续表

行政区域划分	地区	单位
华东地区	上海市	上海国际会议中心
	江苏省	南京金陵会议中心
		南通文峰饭店
		南京金陵江滨酒店
		扬州金陵大饭店
		南京军区华山饭店
		常熟天铭国际大酒店
		金陵润扬大桥酒店
		南京金陵饭店
		南京紫金山庄
		苏州金陵观园国际酒店
		太仓金陵花园酒店
		盐城城投水城度假酒店
	浙江省	杭州第一世界大酒店
		振石大酒店
		浙江金马饭店
		宁波开元名都大酒店
		杭州太虚湖假日酒店
		杭州开元名都大酒店
	安徽省	黄山国际大酒店
		合肥泓瑞金陵大酒店
		六安金陵皖西宾馆
	山东省	山东大厦
		山东颐正大厦

续表

行政区域划分	地区	单位
华中地区	湖南省	湖南华天大酒店
		湖南留芳宾馆
华南地区	广东省	广州白云国际会议中心
	福建省	厦门翔鹭国际大酒店
		厦门华侨大厦(大酒店)
西北地区	陕西省	西安建国饭店
西南地区	四川省	绵州酒店
		宜宾竹海世外桃源酒店
	贵州省	贵州饭店
		贵州花溪迎宾馆
	云南省	昆明龙腾大酒店
东北地区	辽宁省	大连国际金融会议中心
		沈阳民航宾馆
	黑龙江省	哈尔滨华旗饭店

责任编辑:张　毅

图书在版编目(CIP)数据

中国会议统计分析报告.2011／中国旅游饭店业协会，中国旅行社协会，中国会议酒店联盟编.—北京：旅游教育出版社，2013.2
　(中国会议蓝皮书)
　ISBN 978-7-5637-2533-5

　Ⅰ.①中…　Ⅱ.①中…②中…③中…　Ⅲ.①会议—统计分析—研究报告—中国—2011　Ⅳ.①C931.47

中国版本图书馆 CIP 数据核字(2012)第 307044 号

中国会议蓝皮书

中国会议统计分析报告 2011

中国旅游饭店业协会
中国旅行社协会　编
中国会议酒店联盟

出版单位	旅游教育出版社
地　　址	北京市朝阳区定福庄南里 1 号
邮　　编	100024
发行电话	(010)65778403 65728372 65767462(传真)
本社网址	www.tepcb.com
E - mail	tepfx@163.com
印刷单位	河北省三河市灵山红旗印刷厂
经销单位	新华书店
开　　本	787mm×960mm　1/16
印　　张	5.25
字　　数	72 千字
版　　次	2013 年 2 月第 1 版
印　　次	2013 年 2 月第 1 次印刷
定　　价	25.00 元

(图书如有装订差错请与发行部联系)